封面故事

　　戴金面罩青铜人头像金光熠熠,气度非凡。在中国的考古发现中,四川广汉三星堆遗址是我国迄今发现的最早的大规模青铜人像遗址。其中最具代表性的器物就是戴金面罩青铜人头像,它以特殊的造型和独具特色的文化内涵驰名中外。

中国地域文化系列丛书·四川

天府之国

大熊猫视野里的四川盆地

席宏斌 ◎ 著

山西出版传媒集团 山西人民出版社

图书在版编目（CIP）数据

天府之国：大熊猫视野里的四川盆地 / 席宏斌著 .

太原：山西人民出版社 , 2024. 10. -- ISBN 978-7-203

-13587-6

Ⅰ . K927.1

中国国家版本馆 CIP 数据核字第 2024230AC7 号

天府之国：大熊猫视野里的四川盆地

著　　者：席宏斌
责任编辑：魏美荣
复　　审：崔人杰
终　　审：梁晋华
装帧设计：天津万物同源电子商务有限公司
插　　图：彭娜　戴天生　席之尧

出 版 者：山西出版传媒集团·山西人民出版社
地　　址：太原市建设南路 21 号
邮　　编：030012
发行营销：0351-4922220　4955996　4956039　4922127（传真）
天猫官网：https://sxrmcbs.tmall.com　电话：0351-4922159
E-mail：sxskcb@163.com 发行部
　　　　　sxskcb@126.com 总编室
网　　址：www.sxskcb.com

经 销 者：山西出版传媒集团·山西人民出版社
承 印 厂：廊坊市伍福印刷有限公司

开　　本：710mm×1000mm　　　1/16
印　　张：18.5
字　　数：240 千字
版　　次：2024 年 10 月　第 1 版
印　　次：2024 年 10 月　第 1 次印刷
书　　号：ISBN 978-7-203-13587-6
定　　价：98.00 元

序

无论是过去的农耕文明时代，还是今天的信息、智能时代，四川都堪称中国的战略大后方。

——作者

一

进入 21 世纪，四川有两件事震惊全世界。

2001 年 2 月 8 日，在四川省成都市城西苏坡乡金沙村，金沙遗址被发现。

在金沙遗址，考古学家们惊奇地发现：这里不仅有大型建筑基址、祭祀区、一般居住址、大型墓地等，还有大量的出土文物；其中的金器、铜器、玉器、石器、象牙器、漆器等珍贵文物多达 5000余件。除此之外，考古学家们在这里还发现了远古时代动物们生活的痕迹：金沙遗址内，不仅有数以万计的陶片，还有数以吨计的象牙以及数以千计的野猪獠牙和鹿角。

金沙遗址的发现，将成都建城史推进到公元前 1000 多年前，并证明这里是公元前 12 世纪至公元前 7 世纪（距今 3200—2600 年）长江上游古代文明中心——古蜀王国的都邑。

金沙遗址一经发现，立刻震惊世界。2001 年，金沙遗址被评选为"2001 年全国十大考古发现"。20 年后的 2021 年 10 月，金沙遗址入选全国"百年百大考古发现"。

由于金沙遗址出土的文物不仅数量庞大、品种丰富、品质极高，2005 年 8 月 6 日，国家文物局公布金沙遗址出土的"太阳神鸟"金饰图案为中国文化遗产标志。

对于世界而言，最感兴趣的莫过于金沙遗址和三星堆的关系。

四川省的文物考古专家们在合著的《成都金沙遗址的发现、发掘与意义》中评价说：金沙遗址是四川省继三星堆遗址之后最重大的考古发现，极有可能是三星堆文明衰落后在成都地区兴起的一个政治、经济、文化中心——古蜀国在商代晚期至西周时期的都邑所在，它的发现、发掘与研究具有重要意义。

四川省文物考古研究所的陈丹显在《成都金沙遗址出土文物相关问题的讨论》中认为：金沙遗址出土的文物与三星堆出土的文物有着千丝万缕的联系，金沙出土文物在古蜀文化中起着承上启下的作用。

2022 年，在金沙遗址被发现 20 多年后，根据最新的出土文物证实：三星堆和金沙的关系非常密切。截至 2024 年 3 月，以"三星堆和金沙遗址：青铜时代的古蜀文明"作为遗产项目名称的申遗保护工作已正式展开。

金沙遗址的发现为研究古蜀文明与对外文化交流提供了珍贵的资料：金沙遗址出土的文物中包含了大量反映古蜀文化与其他区域文化密切联系的信息。金沙遗址不仅是商代晚期至西周时期古蜀国在成都平原兴起的一个政治、经济、文化中心聚落，还对中国西南地区和东南亚地区的古文化产生过深远影响。更为重要的是：金沙遗址的发现，拓展了古蜀文化的内涵与外延，对蜀文化的起源、发展、衰亡的研究具有重大意义，特别是为破解三星堆文明突然消亡之谜找到了有力的证据。

作为中国先秦时期重要的遗址之一，金沙遗址与成都平原的史前古城址郡、三星堆遗址、战国船棺墓葬共同构建了古蜀文明发展演进的四个不同阶段，进一步明确回答了世界关于"蜀人'我从哪里来'的疑问。"

二

本世纪四川另外一件震惊世界的大事便是"5·12汶川地震"。

汶川大地震发生于2008年5月12日14时28分4秒，那一刻，全世界的目光都投向了四川。

汶川地震之所以震惊世界，是因为这次地震是中华人民共和国成立以来一次破坏性最强、波及范围最广、灾害损失最重、救灾难度最大的地震，在世界地震史上也极其罕见。

根据中国地震局最终修订的数据，5·12汶川地震的面波震级为8.0级。地震波及大半个中国以及亚洲多个国家和地区。中国25

个省（自治区、直辖市）有明显震感，泰国、越南、菲律宾和日本等国均有震感。

地震受灾范围涉及中国 10 个省的 417 个县，其中四川、宁夏、陕西、甘肃及重庆受灾最为严重，共有 4467 个乡（镇）的 48810 个村庄受灾，灾区总面积达 50 万平方千米。四川是这次特大地震的重灾区，其受灾范围涉及除攀枝花市以外的 20 个市（州）、159 个县（市、区）、3720 个乡（镇），四川灾区面积达到 25.2 万平方千米，重灾区 12.5 万平方千米，极重灾区达 1.1 万平方千米。

汶川地震共造成四川城镇居民住房倒塌 1933 万平方米，农村居民房屋倒塌 635.06 万间。地震使北川县城变为废墟，导致青川县城失去了承载人口的功能。同时，地震还导致汶川映秀镇、绵竹汉旺镇等城镇房屋建筑全部毁坏，都江堰三分之一的房屋毁坏。

截至 2008 年 9 月 25 日，汶川地震共造成 69227 人遇难，17923 人失踪，四川除攀枝花市和宜宾市之外的 19 个市（州）均有人员遇难，尤以阿坝州、绵阳市、德阳市、成都市、广元市最为严重。

相比于地震造成的伤害，四川人面对巨大灾害时的无畏和团结、坚强和勇气、守望和互助、善良和感恩更让世界瞩目。

地震发生两个月内，四川省医疗卫生机构共收治灾区伤病员 1336621 人次，累计住院治疗 90066 人，各种救援力量从废墟中共救出 83988 人。在全省一半国土面积受灾的情况下，在全国人民的支援下，四川在地震发生后不到 3 个月，就解决了上千万群众的住房安置问题，不到三年就基本上完成了灾后重建。

2008 年 8 月 8 日晚，当林浩作为中国队的旗手与姚明一起出现在北京奥运会的开幕式上时，瞬间便吸引了全球 40 亿观众的目光。

5·12 大地震发生时，林浩和其他同学一起被埋在废墟之下，此时，废墟之下的林浩组织同学们唱歌来鼓舞士气，并安慰因惊吓过度而哭泣的女同学。在爬出废墟后他并没有惊慌和撤离，而是再次钻到废墟里展开救援，经过艰难的努力，小林浩将两名同学背出废墟，而他的头部和上身多处受伤。

当身带伤痕的林浩出现在北京奥运会开幕式现场时，全场响起雷鸣般的掌声，这掌声不仅仅是对林浩，更是对四川人民在地震中表现出的坚强和团结的致敬和赞美。

因为汶川地震，5·12后来成了一个特别的日子。经国务院批准，自2009年起，每年的5月12日被定为全国防灾减灾日。

金沙遗址的发现让四川向全世界诠释了"我从哪里来"？而四川在汶川大地震中发生的一个个守望相助、坚强勇敢、乐观团结的抗震救灾故事则告诉世界"我是谁"！

三

5·12汶川地震发生在四川龙门山逆冲推覆构造带上，这一位置正好位于青藏高原的东界。它南起于泸定、天全，向东北方向延伸，经过都江堰、江油、广元进入陕西勉县一带，全长达500多千米。四川几条大河的源头、四川重要的自然景观和人文景观、重要城市几乎都集中在这一带。

岷江、大渡河、沱江、涪江、嘉陵江的源头和上游大都集中在这一带，这一带也是四川水资源和动植物资源最为丰富的地区。最为醒目的是：拥有800万年历史的中国国宝大熊猫就生活在这里。

这里集中了成都、绵阳、德阳、广元等四川重要城市。人们熟知的三星堆、金沙遗址、都江堰、青城山、九寨沟、泸定桥、大渡河就位于这一带。汶川地震让这些自然景观和人文景观以更快的速度和更多的视角再次走进世界的视野。

都江堰是世界上历史最长的无坝引水工程，历经 2280 多年（截至 2023 年）而不衰，灌溉的土地已超过 1000 万亩。在经历了 2008年汶川大地震后，距离震中并不遥远的都江堰水利工程仍然完好无损。都江堰因良好的抗震性能已成为世界上历史最长的"坚固耐用的水利工程"。

和都江堰的"坚固耐用"相匹配，四川盆地自汉代从关中平原接过"天府之国"的称号后，这一位置至今不可撼动。而成都作为川西平原的中心，其城市名称和城址几千年未变。这些现象无论在中国还是在世界都极其罕见。

都江堰的作用显然不止这些。当年，秦国吞并巴蜀后，蜀地叛乱迭起，代表中原文化的秦国占领军和巴蜀文化产生了激烈的冲突。都江堰落成后，巴蜀大地的反抗和冲突逐渐消失，四川盆地遂成为秦国统一六国的稳定根据地。秦帝国之后，巴蜀地区一直和中原文化紧紧联系在一起，自此再也没有分离过。巴蜀地区作为中华文明的重要发源地之一和重要组成部分，对稳定中华版图、稳定中华文明、稳定中国的战略大后方起到了巨大的作用。

可以这样说，没有都江堰，就没有富饶的川西平原，就没有稳定的四川盆地，就没有稳定的中华战略大后方。都江堰对中华文明的形成和稳定起到了居功至伟的作用。

四

观察和了解四川，人们往往会惊叹"天府之国"物产的丰饶和经济的富足，但实际上，古代四川的科技成就异常发达。

从三星堆和金沙遗址出土的文物看，巴蜀的科技文明源远流长；从世界科学技术发展史和中国科学技术发展史的视角看，在巴蜀大地出生的科学技术杰出人才以及产生于巴蜀大地的科学技术成就有许多可以位列世界科学技术成就之最和中国的科学技术成就之最。

三星堆的考古发现：古蜀的青铜器不仅发端时间早，青铜器金属成分及制造方法别具一格，而且在青铜器的形制和工艺方面，充分显示出三星堆青铜文化的奇特内涵。这从多方面展示了三星堆青铜文明的高超技艺。整个巴蜀大地的青铜器时代（公元前 1700 年至公元前 476 年）都呈现出极高的设计和制造水平，展示出巴蜀大地将技术与艺术高度融合的高水平，在世界科技史上也是一个奇迹。

中国是世界上最早发明丝绸（养蚕缫丝织绸）的国家，而做出发明丝绸这一伟大贡献的发明家就是轩辕黄帝的妻子嫘祖，而嫘祖又是巴蜀盐亭人。

古蜀是中国丝绸的早期起源地之一。嫘祖首先教民养蚕、缫丝、织绸，被后人祀为"先蚕"。在夏商时代，古蜀丝绸织造已达到相当水平。秦汉三国时期，以蜀锦、蜀布为代表的巴蜀纺织业在全国已占有重要地位；在唐代，蜀锦成为全国闻名的高级丝织品；宋代的四川无论是布纺织、丝织还是蜀锦的生产都超过了前代水平；巴蜀的成都还是"南方丝绸之路"的起始点，在中国古代的对外贸易中起到了重要作用。巴蜀的丝织技术发展到今天，仍然显示出无穷的魅力。

中国是世界上最早发现茶树和利用茶树的国家，中国是茶的故乡，这是世界公认的。茶是中华民族的国饮，种茶、制茶、饮茶都源于中国。

四川蒙山是中国种茶和茶文化的发源地和发祥地，早在2000多年前的西汉时期，蒙山茶始祖吴理真就在蒙顶栽种野生茶树，开创了人工种茶的历史。因此巴蜀地区也成为我国最早栽茶、制茶、饮茶的地区之一。最早将野生茶树变为人工栽培，是在巴蜀地区，这是茶史专家们一致的看法。而人工种茶无疑是当时最醒目的科技成果。

古代中国是一个靠天吃饭的农业大国，因而中国的天文学成就也世界闻名。而其中西汉时代出生于巴郡阆中（今四川阆中市）的天文学家落下闳的贡献非常突出，有多项举世公认的创新。落下闳直接参与制订的《太初历》，建构起一个中国古代的"宇宙系统"。不仅如此，他还研制出浑天仪和浑天象，是浑天说的创始人之一。张衡等天文学家的成果均是以落下闳研制的浑天仪为基础发展起来的。

四川另一个可以与落下闳比肩的科学家是出生于普州（今四川安岳县）的秦九韶。公元1247年，南宋杰出的数学家秦九韶完成《数书九章》，这是中国传统数学在《九章算术》的基础上，由形成、发展、繁荣到鼎盛的时期。世界数学史公认，秦九韶是13世纪世界最杰出的数学家之一，他当时的数学成就至少比西方领先了300年至400年。

道教是中国历史上第一个从本土文化中发展起来，而且从古代延续至今的宗教。道教不仅在中国影响巨大，在国际上也影响深远，成为当今世界主要的宗教之一。道教创建于巴蜀大地，道教对于巴蜀科学技术的影响也非常明显。科学出版社出版的《中国道教科学技术史》中将道教对于中国科学技术发展所起的作用作出了高度评价。火药就是道士们经试验发明的，火药是改变世界的重大发明，这是中国道教对科学作出的重要贡献之一。道教为发展炼丹术，尝试性地做了各种各样的化学试验、药学试验，取得多项成果。如"胆铜法的发明"就被学术界称赞为"在世界化学史上的一项重大发明"，此外，豆腐的发明也与炼丹试验有关。

世界上最早的纸币——交子首先出现在北宋初年的四川，这在很大程度上和当时四川的造纸技术和印刷技术有关。古代巴蜀地区曾经是我国造纸业和印刷业的中心地区，是全世界纸币的发源地。巴蜀当时的雕版印刷技术在世界科技史上占有独特的地位，有重大创新。交子印刷了各种复杂的图案，朱墨间错，开世界彩色套印之先河，在世界印刷史上也是一件重大事件。

四川是世界深井钻探技术的先行者。早在西汉时期，约在公元前1世纪，蜀郡临邛（今四川邛崃）就有了天然气开采技术，是火井采气的发端，巴蜀是世界上最早掌握开采利用天然气的技术并用作煮盐的地区。

北宋仁宗庆历、皇祐年间（1041—1053），四川井盐生产中曾出现过一项具有划时代意义的技术革新——卓筒井。"卓筒井"工艺为世界钻凿技术和石油天然开采事业开辟了道路；明朝正德年间（1506—1521），四川嘉州（今乐山）地区开凿井盐时，发现了石油，经试钻试采后，有目的地钻出了一批石油井，这也是世界上第一批石油井；1835年，四川自贡地区的燊海井深达1001.42米，是中国也是世界上第一口超千米的深井，成为人类钻井史上的里程碑。

五

"道教出四川，四川多鬼才"，这是人们夸赞四川的词句。中国唯一的本土宗教出自四川，这在中国几千年历史上是一件非常独特的事件。

道教为什么发源于四川？这与四川的地域文化有什么联系？

四川多山，多大山、多名山，四川盆地周围高山密布，非常容易产生出一个稳定的、相对独立的文化地理单元，三星堆遗址和金沙遗址所呈现出的文化特色清楚地证明了这一点。

四川水多，金沙江、雅砻江、大渡河、岷江、沱江、涪江、嘉陵江、渠江密布其间。山水相间的地理环境极容易形成人杰地灵的人文环境。从秦汉至清末，巴蜀地区相继产生了司马相如、扬雄、陈子昂、李白、苏轼、李调元、杨升庵等文化巨匠，他们在汉赋、唐诗、宋词、蜀学、道教、史学、易学、天文等诸多领域都作出了突出的贡献。

四川又是一个地形地貌特别复杂的地区，从海拔 6000 多米的川西高原高山到只有几百米高度的盆底的巨大高度落差，让四川周边拥有异常复杂的地形，无论是川西高原的雪山、草地，还是川北的栈道，川东的航道，无不让人发出感叹："蜀道难，难于上青天！"

独立的文化地理单元，复杂的地形地貌，人杰地灵的人文环境，奠定了道教成长的土壤。道教是在古代的巫术、战国时期的神仙学术以及先秦两汉黄老思想基础上衍化而来的，而巴蜀地区在远古时代就流行巫术。

道教由东汉后期的张陵在巴蜀创立。由于入道的人要交纳五斗米，所以又被称为五斗米道，后来又被称为天师道，张陵在创立道教的过程中曾吸纳、改造了巴蜀的原始宗教，因而被尊为"祖天师"。他们以《道德经》为主要修习经文，并以济世救人、教人诚信为善，并教人导引之术、行气功夫和炼丹技术，张天师不但和道徒们一起在巴蜀开山修路、打井造林、发展生产，还精通医道，经常免费为百姓治病。

　　张陵去世后，他的儿子张鲁子承父业，在张鲁的努力下，道教在川北、川东和汉中有了很大发展，并建立了政教合一的汉中政权。在张鲁统治汉中的30年里，汉中地区社会稳定，人民安居乐业，他因此受到当地群众的拥护，成为可与刘备、孙权相抗衡的地方势力。

　　张鲁投降曹操后，被封为镇南将军，这时大量道徒随他北迁，道教逐渐发展到中原地区。西晋年间，四川出现了一位道教高人范长生。他居住在青城山，博学多才，精通天文术数，还是天师道的教主。李雄自立为成都王之后，在范长生的影响下，执行清静无为、与民休息的政策，这一地区很快成为百姓安居的乐土。唐代道教兴盛，四川出现了很多著名的道士，当时著名的诗人李白也曾到岷山学道。此外，四川道教中还出现了几位杰出的科学家，如精通天文地理的袁天纲、矿物学家梅彪、炼丹家彭晓等。

　　五代到宋初年间，普州崇龛（四川安岳县）人陈抟，精于道经相法，并创作了《无极图》《指玄篇》《观空篇》《太极图》《先天图》《易龙图》《正易心法注》等。他把儒家、释家、道家的学说融合于易学之中，创立了一个黑白相间的太极图。图中的黑色表示阴，白色表示阳；黑中含一点白，为阴中含阳之意；白中含一点黑，为阳中含阴之意。

元朝时，王重阳创立的全真道教开始在巴蜀广为传播，后来这里成了全真道的分支——龙门派。清初时，陈清觉在四川开创了龙门派丹台碧洞宗，后来受到康熙皇帝的召见，并被封为碧洞真人。从汉代到清代，道教在四川都有广泛的影响。

道教在四川的发展还使当地出现了一些著名的道教文化圣地，如以清幽著称于世的青城山、著名道家古观青羊宫、张天师创立道教的鹤鸣山、道教名山江油窦山、梓潼县七曲山文昌宫、三台云台观、绵阳西山观、剑阁鹤鸣山、彭州阳平观、新津老君山等。

道教文化还影响到众多四川名人，道教崇尚玄学，追求空灵飘逸，这些对李白和苏轼都产生了很大影响。他们两人的精神特质都以旷达、风流、洒脱的道家风范著称，特别是李白的诗作，大多有空灵飘逸之感，而苏轼的文章于平淡中见豁达，这些和道教思想都有很大关系。

除此之外，巴山蜀水的钟灵毓秀还吸引了全国各地众多文人墨客到四川游历和吟诗，这些人中尤以唐宋时期最为集中和著名，其中就有河南人杜甫、岑参、刘禹锡、李商隐、李贺，河北人高适，山西人王勃、白居易、温庭筠，江苏人张籍，浙江人罗隐、陆游，陕西人韦庄。

蜀地所以创办道教且数千年人才辈出，追踪溯源，和汉代的"文翁兴学"有关。汉初蜀郡太守文翁在成都创办地方官学，使蜀地精神文化产生了质的飞跃。"文翁兴学"也是中国历史上的首次公办学校教育。在文翁教化的熏陶下，蜀地尚文好学之风蔚然兴起，蜀地文化在全国的地位得以提高，在唐宋时期达到了高峰。

六

2023 年 5 月 12 日，汶川地震 15 周年时，新闻媒体发布了一条饲养员回忆当时转移大熊猫的视频，再次引起人们对大熊猫的关注。

2008 年地震时，震中与四川卧龙国家大熊猫自然保护区的直线距离只有几千米，"熊猫家园"遭到重创，饲养员们冒着余震的风险"生死狂奔"转移大熊猫。

大熊猫是中国的国宝，是世界自然基金会形象大使，也是世界生物多样性保护的旗舰物种，全世界只有中国才有大熊猫，而大熊猫的 80% 多生活在四川。

很少有人知道，大熊猫在地球上已经生活了至少 800 万年，被誉为世界的"活化石"。

大熊猫对生存环境的要求极为苛刻，在它生存的几百万年里它们是如何一次又一次躲过地震、旱、涝、瘟疫、战争等天灾人祸而最终选择了四川作为栖息地？换句话说，数百万年来四川拥有怎样的生态密码，才将大熊猫留在了自己的土地上？

站在大熊猫的视野里，四川有着令人惊叹的前世和今生，值得我们去驻足、流连、探索。

目 录

刘邦从这里崛起，刘备在这里复兴。从战国到两汉，从唐代到宋代，从清代到民国，时间虽跨越近 3000 年，但历代统治者都把四川作为王朝最后的堡垒，这其中的原因何在?

作为战略大后方，四川盆地与周边省域的界线几乎由一系列名山大川组成：北缘米仓山，南缘大娄山，东缘巫山，西缘邛崃山，西北边缘龙门山，东北边缘大巴山，西南边缘大凉山，东南边缘相望于武陵山。数十座大山犹如铜墙铁壁，将四川盆地合围，使进出四川的道路变得无比艰难。

汉中位于今天的陕西和四川的交界处，尽管在行政区划上属于陕西，但在地理学的概念中它更接近于四川，而在文化习俗上，它几乎和四川盆地相差无几。控制这一地区，向南可平巴蜀，向东可击楚地，向北则对关中造成极大威胁。战国时期，汉中一直是秦国、巴蜀和楚国争夺的战略要地；三国时期，汉中仍然是魏、蜀、吴三国争夺的重点。

宋代纸币交子就是在雕版印刷术已发展到双色印刷的基础上产生的，它是迄今为止所发现的世界上最早的纸币。诞生于成都。既是宋代社会经济高度发展的产物，又是文化转型为市民化和印刷术划时代发展的产物。交子的产生是世界货币史上划时代的大事，是人类文明史由商品经济走向货币经济的标志性事件，也是天府之国富庶繁荣的象征。

作为太守，苏轼筑有"苏堤"，欧阳修有亲自命名的"醉翁亭"，而李冰则通过修建"都江堰"来表达自己"先天下之忧而忧"的爱国情怀。都江堰是当今世界年代久远、唯一留存、以无坝引水为特征的宏大水利工程。它最伟大之处是建堰2200多年来经久不衰，至今仍发挥着巨大作用。都江堰今日的世界地位就是李冰在历史上的地位。

岷江曾被认为是长江的源头，是四川当之无愧的母亲河。四川境内的岷江、沱江、嘉陵江、金沙江等绝大部分河流都属于长江水系，只有极西北的白河和黑河注入黄河，属于黄河水系。千万别忽视四川境内的这一小片黄河水域，它使四川成为中国境内极少数同时拥有黄河水系和长江水系的省份，同时也使四川的地域特征和文化性格中掺糅了许多北方特征。

　　四川多偏安的"小朝廷"。在交通信息不发达的古代，四川远离朝廷，内有天府之富庶，外有群山的拱卫，关起门来凭险据守，易成偏安之局，自古以来就是滋生地方割据势力和地方割据政权的土壤。章太炎曾概括这一历史现象说："四川重江复关，自为区域，先后割据者七矣，这七人皆自外来，而乡土无作者。"其中，公孙述是陕西人，刘备是河北人，李特是甘肃人，王建是河南人，孟知祥是河北人，明玉珍是湖北人，张献忠是陕西人，基本上都是北方人。

　　川西高原大多时间呈现出莽莽雪原的景象，俗称"大雪山"。大雪山上终年积雪，人迹罕至，历史上只有两支军队从这里走过：一支是中国工农红军长征，从这里绕过防守严密的成都平原去陕北；另一支便是蒙古大军从这里绕过四川盆地南征大理。这两支经由川西高原征战的部队后来都产生了世界性的影响。

　　拥有800多万年生活纪录的大熊猫在历经几百万年的激情岁月和反复迁徙后，最终选择了四川作为它的主要栖息地。这是四川乃至全中国最引以为傲的世界生态标志，其中折射出的天府之国的魅力也令人驻足常思。

　　三星堆、九寨沟、大熊猫、泸定桥、都江堰、剑阁天险……无论从战略纵深、国防价值，还是经济禀赋、文化资源，四川都堪称名副其实的"天府之国"，是中国地域文化特色最为显著的区域。

第一章

西进，西进！

刘邦从这里崛起，刘备在这里复兴。从战国到两汉，从唐代到宋代，从清代到民国，时间虽跨越近3000年，但历代统治者都把四川作为王朝最后的堡垒，这其中的原因何在？

公元755年十二月十六日，这平常的一天，在漫漫历史长河中不值一提，但在大唐的历史上，这一天却是不可忘记的，因为这平常的一天开启了唐王朝由盛转衰的苦难历程。

当天，安史之乱爆发。

经过数年苦心经营，多番筹划，身兼范阳（今北京西南）、平卢（今辽宁锦州西）、河东（今山西太原）三镇节度使的安禄山发动属下士兵15万人，号称20万，以"忧国之危"、奉密诏讨伐杨国忠为由在范阳起兵。

安禄山当时的职务是范阳、河东、平卢三镇节度使。唐玄宗在开元、天宝年间，先后在全国设立10个节度使。为了减轻中央财政压力，保障军队的管理权和财政支持，朝廷逐步授权，致使节度使集军权、财权、监察权于一身，权力无限扩大，相当于一个个独立于中央政府的"小王国"，一步步发展成唐帝国的一个个"怪胎"，使原本处于盛世的帝国因此走向衰落。

与安禄山一同造反的，还有史思明。

安禄山造反之时，海内承平日久，百姓多年未见战乱，突然听

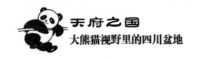
说叛乱爆发，无不远近震骇。叛军所过州县，几乎没有遇到过有效的抵抗。更有甚者，有些士卒登上城楼时，听到叛军的鼓角声，竟然吓得纷纷坠落城下。

手忙脚乱之中，唐玄宗命封常清、高仙芝招收市井子弟和无赖之徒，组成一支乌合之众前去御敌，结果二人因宦官谗言被斩于阵前。名将哥舒翰继任，随后兵败被俘，潼关失守。因为长安已无险可守，再不逃跑，唐玄宗和他宠爱的杨贵妃只能成为叛军的战利品。

"渔阳鼙鼓动地来，惊破霓裳羽衣曲。九重城阙烟尘生，千乘万骑西南行。"后来，白居易在《长恨歌》中这样描写唐玄宗的仓皇幸蜀。

我们不知道，公元756年正月，当安禄山在洛阳称大燕皇帝的消息传到唐玄宗耳中时，这位曾比父亲信任儿子更甚地信任着"忠臣"安禄山的71岁老人心里是何滋味，但我们能够想到的是，在接下来的756年六月的那个逃离长安的夜晚，唐玄宗一定感受到了人生的荒诞无常。

那个微风吹拂的夏夜，应该有一轮弯弯的月亮，月色下的长安城依旧房舍连片，鳞次栉比，依旧是繁华帝都的模样。但是，叛军已经攻破潼关的噩耗一定令满城军民的夏夜之梦充满了惊恐。

当整座城市在恐惧和流言中昏然睡去时，皇宫沉重的大门缓缓打开，一队人马悄然从皇宫鱼贯而出，在经过长长的街道之后，终于穿过延秋门蜿蜒而去。长安远了，只有殷红的灯笼在六月的夜色中明灭闪烁。

逃离长安之时，唐玄宗肯定没有预料到通往四川的路上将会与他最心爱的宠妃杨玉环及宠臣杨国忠生死相别。

"蜀土丰稔，甲兵全盛"，这是当时四川在全国的印象，在仓促出逃的计划里，四川就是唐玄宗一行的目的地。

然而，这是一次狼狈至极的逃亡。正如史书中所说，"妃主、皇孙以下多从之不及"。因为走得急，也因为想要搞得更机密一些，唐玄宗只带了少数卫队和官员，连他很多的后妃和皇子皇孙也没有通知，就匆匆踏上了前往四川的路途。

这支小小的逃亡队伍前进速度并不快，一是因为入川的路上已经到处都是逃难的百姓，二是因为皇帝身边总得有不少嫔妃随行，队伍想快也快不起来。一天傍晚，这支如同惊弓之鸟一样的队伍在一个叫做马嵬驿的地方宿营时，原本就弥漫在卫队官兵中对杨国忠

明皇幸蜀图 唐 李昭道

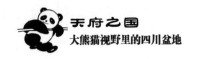
兄妹乃至对朝廷的不满情绪像火山一样爆发了，哗变一触即发。

处死杨国忠，这对唐玄宗来说并不是什么太困难的事情，但要处死杨贵妃，则让这位年过七旬的老人踌躇满怀。最终，在高力士等人的劝说下以及哗变士兵手中寒光闪闪的刀剑威胁下，唐玄宗不得不忍痛下令赐杨贵妃自尽。

马嵬驿之变是中国历史上的著名事件，有关唐玄宗和杨贵妃的爱情传奇，也是中国绘画和诗歌一再表现的题材，其中最知名的当属白居易的长诗《长恨歌》。然而，与唐王朝及其治下亿万生灵因安史之乱所遭受的痛苦相比，任何帝王的爱情悲剧都显得微不足道。

756年十月，秋风渐起之时，唐玄宗在经过几个月的辗转颠簸之后，终于走进了成都平坦宽阔的大街。检点随行队伍，只有官员和卫队1300人，宫女只有区区24人。

这时的唐玄宗已不再是皇帝，而是被遥尊为没有实际权力的太上皇。早在唐玄宗逃往成都途中的七月，他的儿子李亨就在灵武即位，是为唐肃宗。作为一种安抚，唐肃宗把唐玄宗避难的成都升格为府，号南京。

唐玄宗自公元756年十月到成都，到次年年底离开成都返回长安，一共在成都生活了一年又两个月。唐玄宗在成都的这14个月是如何度过的，史书没有更多的记载。我们仅仅知道，这14个月中，蜀军曾发生过两次小规模的哗变，最后都被镇压下去了。至于哗变的原因，都和唐玄宗及逃亡队伍在成都的穷奢极欲有关。

对唐玄宗来说，四川既是王朝的避难所，也是他充满哀伤和疲惫的晚年的后花园。在这座后花园里，他会时时梦见曾经的开元盛世和曾经相约三生三世不分离的杨贵妃吗？当这个后来被梨园尊为始祖的退休皇帝坐在成都行宫的花园里打盹时，历史已经飞速流转，曾经的光荣与梦想留给了过去，而未来的路还在杳不可知的远方。

历史往往惊人地相似。当年唐玄宗逃往四川时，他恐怕不会想到，再过124年，到了他的后裔唐僖宗当政时，这位在历史上总是给人以轻浮之感的晚唐皇帝，还会重复他的祖先唐玄宗的逃亡之路。

100多年过去了，此时的唐王朝已经濒临灭亡，天灾人祸不断，曾经盛世繁华的唐帝国处于风雨飘摇之中，随时都可能土崩瓦解。这一次兵逼长安的不再是拥兵自重的大军阀，而是一位农民起义领袖，就是那位大名鼎鼎的黄巢。黄巢是曹州冤句（今山东菏泽）人，多年应试不第，公元875年率领数千人揭竿而起，878年，于王仙芝死后被推为领袖，称冲天大将军。

此时，帝国的统治者是唐僖宗，这位统治者与他的先祖唐玄宗一样，也是从长安逃往四川。对唐王朝来说，四川的存在就像溺水的人在慌乱中抓住的一只救生圈。依靠这只救生圈，才不至于被强大的波浪吞没，才有凭借它重新上岸的可能。

唐僖宗入蜀是在公元881年，这时离唐帝国的土崩瓦解只有20多年的时间了，因此，唐僖宗入蜀比他的老祖宗唐玄宗还要凄凉，还要悲惨。

已经是腊月初五了，往年的这个时候，长安城里已经有过新年的气氛，但当时的形势比当年安禄山的军队攻破潼关逼近长安时还要严重。

黄巢在最后一次落榜时写下一首著名的咏菊花的诗，立下他要推翻腐败的唐朝政府的誓言："待到秋来九月八，我花开后百花杀。冲天香阵透长安，满城尽带黄金甲。"

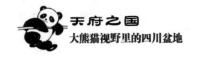
公元 880 年，当黄巢的数十万大军攻克洛阳后，迅速向长安的门户潼关进军。当时，朝廷负责京师安全的是一支号为神策军的队伍，但军中的职务已成为长安富家子弟挂名的闲差。

这支军队中的大多数人除了恐吓京师市民以外，没有任何战斗经验。当他们得知京师的防务交由宦官首领，也是神策军实际上的控制者田令孜时，他们的第一个反应就是出钱找贫民作为自己的替身跟随田令孜上前线。

但田令孜并没有亲自去往潼关前线，只是派出一名副将和一支几千人组成的乌合之众，且只带了几天的粮草。这支军队与黄巢军队刚一交锋，立即作鸟兽散。至此，坐困长安的唐僖宗只有像他的祖宗唐玄宗一样选择逃跑了。

那是一个严寒的凌晨，天还没有亮，空中飘着细细的冷雨。唐僖宗带着皇后、太子和近侍数百人，骑着马从子城含光殿金光门仓皇出城。比他的祖先唐玄宗更凄惨的是，由于走得过于仓促，这支由皇帝率领的逃亡队伍竟然没有一兵一卒，不少高级官员天亮后上朝时才发现，他们的皇帝已经在一个时辰前弃他们而去了。

经过半年多的长途跋涉后，唐僖宗于 881 年六月抵达成都。唐僖宗在四川的时间长达四年。蜀花四度开，蜀潮四度起，富庶的四川给了他安逸的生活。

公元 885 年，唐僖宗终于有机会再次回到长安，因为这时逼他南逃的黄巢已经在狼虎谷兵败自尽（一说被其甥林言所杀）。唐僖宗一行作别曾庇护过他的巴山蜀水，但此时的长安已经不是彼时的长安了，破败、萧条，战争的创伤让这座千年古城已经远远地落在了成都之后。

四川盆地在唐朝时期的富庶和繁华，使其成为唐朝皇帝的避难所。在唐玄宗和唐僖宗之间，其实还有一位唐朝的皇帝在战乱中欲逃往蜀地。

公元 783 年，即唐玄宗出逃长安 27 年后，唐玄宗的曾孙唐德宗李适遭遇兵变，面对蜂拥而至的叛军，李适从禁苑北门仓皇出逃，他也是继唐玄宗和唐代宗（遭遇吐蕃袭扰逃到了今河南三门峡市）之后第三个被迫逃离都城的唐朝皇帝。

唐代宗李豫只逃了两个多月便返回了都城长安，而他的儿子唐德宗就没这么幸运了。

出逃都城长安后，唐德宗李适先是逃往咸阳，再逃到奉天（陕西乾县）。784 年，李适逃离奉天，跑到梁州（陕西汉中），按李适的意思，他原本准备由汉中逃往成都，像他的曾祖父唐玄宗那样。最终，在大臣们的劝阻下，李适放弃了入蜀的打算，因为他一旦到了成都，远离都城，肯定会对正在与叛军作战的军民心理上造成打击，如此一来，收复长安将变得更加困难。

这次叛乱最终被大将李晟等人平复。784 年七月十三日，在外流亡十个多月的唐德宗终于返回都城长安。

汉中在唐初属梁州府管辖，唐太宗时期废府设道，汉中属山南道；742 年，设汉中郡、洋川郡、顺政郡，后又改为梁州、洋州（今洋县）、兴州。784 年，即李适返回长安的那一年，改梁州为兴元府，道、府同治于汉中的南郑。这一年也被李适改了年号，称为兴元元年。

虽然梁州在历代王朝的管辖范围略有不同，但在人们的认知里，其管辖的范围基本上包括了汉中和四川盆地。李适这一次出逃虽然只到达汉中，但他出逃成都的目的是非常明确的，至少，他的一只

脚已经踏上了去往蜀中的道路。

四川不仅在唐朝成为两代君王的庇护所，到了宋代，成都还差一点成为宋朝的都城。公元 1004 年，宋辽之间战事激烈，辽军数次逼近北宋都城开封。危急时刻，以四川阆中人陈尧叟为代表的一部分大臣强烈主张朝廷迁都成都以避辽军锋芒，后因"澶渊之盟"达成，形势和缓，迁都之事才告平息。

尽管迁都未成，但在这场迁都的争议中，蜀地的重要性已暴露无遗。

宋朝以后直到清末，四川在享受了 1000 多年的平静后差一点又成为朝廷的逃难地。

1900 年，八国联军侵入北京，慈禧太后带着光绪皇帝从北京向西逃亡，虽然只逃到了西安，但西安只是中转站。下一步，如果形势继续恶化，慈禧太后也会选择入川避祸。慈禧的这一次西逃和当初的唐德宗一样，先逃到四川的大门口，如果形势继续恶化，目的地非常明确：那就是成都。毕竟，四川易守难攻，又有无尽的物产，可以让流亡的朝廷在此安享一段太平日子。所幸，形势没有继续恶化，随着谈判言和，《辛丑条约》签订，慈禧太后一行终于止步西安，随后返回北京。

四川平静的日子并没有维持太久，慈禧西逃西安二三十年后，民国进入最为混乱的时刻，此时的四川军阀林立，各路军阀你争我夺，上演了一幕幕武林争斗大戏，而蒋介石的中央军也把目光投向了四川。

早在 1921 年，蒋介石就曾建议孙中山："四川非导入我势力范围不可。"北伐期间，四川的几支军阀武装虽纷纷易帜为国民革命军，然而相互角逐的格局并未改变，经过多年内耗火拼，最后剩下刘文辉、刘湘叔侄二人互争。1930 年中原大战，刘文辉等人公开附和"反蒋"阵营，而据守川东门户重庆的刘湘却截然不同，号召渝市党政军各界"救党驱汪"。出于投桃报李的目的，蒋介石支持刘湘统一四川，仅 1931 年春即一次性馈赠 5000 支步枪，外加 500 万发子弹。

四川是中国的内陆大省，特殊的盆地环境使之自古以来就形成一个颇具特色的地域空间，四川盆地外围的每个方向，都是层峦叠嶂的高山，素有"蜀道难，难于上青天"之说，这是因为进出四川的交通条件极差，尤其是川北陆路更是艰难无比。而在中国历史上还有一个现象，南北方的对峙战争，最终都以北方统一南方而告终，其实，这个结果的成因，很大程度上都是因为占据了对四川上游的控制。就拿蒙古与南宋之间的战事来说，蒙古军每次南下，必攻四川，忽必烈时期虽把重点移至襄樊方向，但并未放弃四川省境内的牵制性作战。

时间到了 20 世纪 30 年代中期，面对不断加剧的日本侵华形势，四川的独特地理位置以及丰富的物产资源，将四川作为抗日战争"战略总后方"的呼声非常高。

1933 年夏，四川军阀刘湘击败刘文辉，大有统一全川之势。国民党政府开始将眼光转向西南，渐渐有了"专心建设西南""经营四川"的想法。德国军事顾问团团长法肯豪森也持相同观点："四川是个富庶且因地理关系而特别安全之省份，实为造兵工业最良地方。由重庆经贵阳建筑通昆明之铁路，使能经滇越路得向外国联络，有重要意义。"法氏作为一个外国人，难能可贵之处在于指出了四

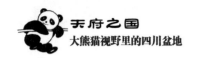

川工业化为抗战提供军需品之前景，而且眼光长远，提醒中国开辟西南国际交通线，获得抗日外援的必要性。

1935年2月，新一届四川省政府成立。没过多久，势力较弱的贵州军阀王家烈辞去贵州省政府主席、第二十五军军长等职，国民政府得以迅速掌控贵州省。国民政府提出"以长江以南与平汉路以西地区为主线，以洛阳、襄樊、荆（门）宜（昌）、常德为最后之线，而以川黔陕为核心，甘滇为后方"的抗日方略。7月上旬，刘湘同意让出重庆，迁移省政府至成都办公。国民政府整顿了四川的军事、财政、金融，有效加强了国民政府在四川省的影响力，为将来可能的迁都做了充足的准备。

为了加强四川作为中国战略大后方的地位，1934年12月，国民政府在任命刘湘作为四川省主席的同时，也任命刘文辉为西康建省委员会委员长。由国民政府、四川省政府提供西康建省的资金，并修建川康公路。刘文辉初建西康时只有19个县30万人，1938年9月，国民政府将四川的雅安、西昌正式并入西康省。

国民政府为何要在西康建省？

除了蒋介石一贯的分化瓦解地方势力的意图外，也有加强四川盆地作为战略大后方的考虑。当时，抗战进入紧要阶段，大片国土沦丧，大后方只有四川、云南、贵州三省。西康省的建立，一方面可以开发西康，发展经济，巩固国防，稳定人心，安定大后方，增强抗战的力量；另一方面也有利于打通川藏，维系中央和西藏的关系，加强国家的战略纵深，对于抗战好处甚多。

1937年7月7日卢沟桥事变爆发，中华民族开始了全面抗战。同年8月，四川省主席刘湘表示，四川是国家重要的后方，四川会

油画《重庆大轰炸》 高小华 作

尽最大努力将所有人力、财力、物力贡献给国家。

　　1937 年 11 月 16 日，南京国民政府决定迁都重庆，以纵深广阔的国土与日军展开持久战；11 月 26 日，国民政府主席林森率国民政府主要办事机构人员抵达重庆；12 月 1 日，国民政府正式在重庆办公；1938 年 10 月，武汉失守前后，国民政府留在武汉的机构才迁至重庆；1940 年 9 月 6 日，国民政府颁布政令，将重庆定为陪都。

　　从 1937 年 11 月到抗战胜利，国民政府在陪都重庆驻扎了 8 年。作为中国的战略大后方，整个川康前后共提供了 300 万兵力，负担了全国三分之一的财政。作为产粮大省，四川从 1941 年到 1945 年提供的粮食占全国粮食总额的 31% 以上。除粮食外，四川还提供了军需品如：布匹、副食、盐巴和大量运输人力等。作为中国的战略大后方，四川为抗战的胜利作出了巨大贡献。

　　从战国开始以及以后各个时代，四川都凸显出重要的作用。

　　从战国到两汉，从唐代到宋代，从清末到民国，时间虽跨越近 3000 年，但历代统治者都把四川作为王朝最后的堡垒，这其中的原因何在？

第二章

战略大后方

作为战略大后方，四川盆地与周边省域的界线几乎由一系列名山大川组成：北缘米仓山，南缘大娄山，东缘巫山，西缘邛崃山，西北边缘龙门山，东北边缘大巴山，西南边缘大凉山，东南边缘相望于武陵山。数十座大山犹如铜墙铁壁，将四川盆地合围，使进出四川的道路变得无比艰难。

蜀道难

唐·李白

噫吁嚱，危乎高哉！蜀道之难，难于上青天！蚕丛及鱼凫，开国何茫然！尔来四万八千岁，不与秦塞通人烟。西当太白有鸟道，可以横绝峨眉巅。地崩山摧壮士死，然后天梯石栈相钩连。上有六龙回日之高标，下有冲波逆折之回川。黄鹤之飞尚不得过，猿猱欲度愁攀援。青泥何盘盘，百步九折萦岩峦。扪参历井仰胁息，以手抚膺坐长叹。

问君西游何时还？畏途巉岩不可攀。但见悲鸟号古木，雄飞雌从绕林间。又闻子规啼夜月，愁空山。蜀道之难，难于上青天，使人听此凋朱颜！连峰去天不盈尺，枯松倒挂倚绝壁。飞湍瀑流争喧豗，砯崖转石万壑雷。其险也如此，嗟尔远道之人胡为乎来哉！

剑阁峥嵘而崔嵬，一夫当关，万夫莫开。所守或匪亲，化为狼与豺。朝避猛虎，夕避长蛇，磨牙吮血，杀人如麻。锦城虽云乐，不如早还家。蜀道之难，难于上青天，侧身西望长咨嗟！

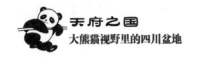
《蜀道难》是唐代著名诗人李白的名篇，诗人以浪漫主义的手法，展开了丰富的想象，艺术地再现了蜀道的峥嵘突兀、崎岖险峻等特点。诗中许多画面此隐彼现，无论是山之高、水之急，还是绝壁之险、山河之观，皆如真实再现。

攀登过秦岭、穿越过三峡的人都知道，李白对蜀道之险的描写其实并不算夸张，真实的蜀道穿行确实难于上青天。

从地图上看，四川盆地是由一系列连绵的山脉环绕而成的，盆地的西部是纵横交错的横断山脉，隔着横断山脉便是世界第一高原青藏高原；盆地北部是高耸入云的秦岭，隔着秦岭与黄土高原相望；南部连接着云贵高原；东部与湘鄂西部山地相邻。中国四大高原与四川盆地相邻的就占了三个，盆地东部虽然没有高原，却与三峡相邻。四川盆地与周边省域的界线几乎由一系列名山大川组成：北缘米仓山，南缘大娄山，东缘巫山，西缘邛崃山，西北边缘龙门山，东北边缘大巴山，西南边缘大凉山，东南边缘相望于武陵山。数十座大山犹如铜墙铁壁，将四川盆地合围，使进出四川的道路变得无比艰难。用"千山鸟飞绝，万径人踪灭"来形容古代的川道应当是再贴切不过了。

自古以来，进入四川主要有两条通道：一条是东面的长江三峡，一条就是北面的汉中。

在川渝分家之前，重庆辖区所处的位置，就是四川的东大门。

从重庆市区到万州这一段，也就是四川盆地的东部，主要以山地丘陵为主。万州是长江三峡的入口，从这里下去，一直到出口夷陵，就是长江三峡的水道。整个长江水道的艰险全在这一段，因而整个四川东大门的艰险也全在这一段。

长江三峡是瞿塘峡、巫峡和西陵峡三段峡谷的总称。西起重庆市奉节县的白帝城，东迄湖北宜昌市的南津关，在行政区划上横跨重庆奉节县、重庆巫山县、湖北巴东县、湖北秭归县、湖北宜昌市，全长达 193 千米。

三峡两岸高山对峙、崖壁陡峭，山峰一般高出江面1000 ~ 1500 米，两岸最窄处不足百米。从西向东，分布着米仓山、大巴山、神农架、荆山等一系列山脉，这些山峰其实也都是大巴山脉的一部分。大巴山脉绵延广大，矗立于整个四川盆地和长江三峡的北面。

大巴山的最高峰就是神农架的神农顶，是传说中神农尝百草的地方。神农顶的南面，夹三峡两岸就是巫山。巫山也是现在重庆和湖北的界山，东面的巴东县属于湖北，西面的巫山县属于重庆。在古代早期，巫山也是巴人和楚人作战的主要地点。两县之间有著名的巫峡，巫峡西起巫山县城东面的大宁河口，东至巴东县的官渡口，绵延达 46 千米，峡谷幽深曲折，奇峰突兀，怪石嶙峋，峭壁屏列，绵延不断，是长江三峡景观最壮丽的一段。峡谷两岸有被称为"景中景，奇中奇"的巫山十二峰，十二峰中又以神女峰最为著名。毛泽东诗词中"更立西江石壁，截断巫山云雨，高峡出平湖。神女应无恙，当惊世界殊"指的就是这里。

巫山以西是奉节，奉节有个白帝城。李白有诗"朝辞白帝彩云间，千里江陵一日还"，说的就是这个地方。古人坐船，从白帝城到江陵，最快也要一天。刘备伐东吴失败后，退守白帝城，在这里托孤于诸葛亮，最后死在了白帝城。

奉节一带在奴隶社会曾是巴蜀两国的领地，曾于周武王时期建

白帝城

为夔子国。进入封建社会后，无论是设县、设州、设路，这里一直保持着行政和军事的显赫地位。唐时设夔州府，辖十九州县，宋时设夔州路，与益州、梓州、利州合称"川峡四路"或"四川路"，四川由此得名。唐贞观二十三年（649），为旌表诸葛亮"托孤寄命，临大节而不夺"的忠君品格，将此地改名为奉节县，沿用至今。

奉节除了文化名胜白帝城、刘备托孤的永安宫、诸葛亮的八阵图外，还拥有名胜瞿塘峡和夔门。

夔门又称瞿塘关，位于奉节县东和瞿塘峡西口，是出入四川的门户。汉代曾在这里设置江关都尉。214年，刘备攻打广汉遇挫，诸葛亮与张飞、赵云等率军自荆江逆流而上，占领此关。巴东一带自此被攻克。夔门素有"夔门天下雄"之称，与"剑门天下险、峨眉天下秀、青城天下幽"，并称巴蜀四大名胜。

刘备当年所以退守白帝城，是因为这里是瞿塘峡的上游关口。

瞿塘峡是三峡最西的一个峡谷，凶险异常，当敌人溯江而上，刚刚走出数百里的三峡，就在这里迎头碰上瞿塘关。瞿塘关之险，不仅仅是因为这里水流湍急，还因为江心有滟滪堆。所谓滟滪堆就是江心中的一个大礁石，正对着长江航道。随着长江水量的不同，大礁石露出水面的大小也不同，当地有歌谣："滟滪大如马，瞿塘不可下。滟滪大如猴，瞿塘不可游。滟滪大如象，瞿塘不可上。滟滪大如龟，瞿塘不可回。"正由于江心的礁石变化无常，行船至此，稍有不慎，便可能触礁。中华人民共和国成立后，政府为了改良航道，于1958年冬将滟滪堆炸掉了。三峡水库建成后，水位上升，瞿塘之险已不复存在。

整个四川盆地，除了成都附近是平原外，其他的地方都有一些山丘，但重庆以东的山地更高一些。山地加上巫峡再加上瞿塘峡，想从东部走水路进攻四川便异常艰难。抗日战争时期国民政府之所以选重庆为战时首都，一方面是考虑到四川盆地易守难攻，日军很难轻易打进来；另一方面，即便日军飞机入川空袭，相对而言，号称"山城"的重庆也便于防空袭，这也是当时没选成都作为临时首都的原因。

重庆地区不仅控制着长江三峡的出入口，抗战时期，从上海到武汉，沿江大大小小的工厂、企业、银行都搬到了这里，这些工厂企业不仅要防止日军空袭，还得开足马力生产。而重庆一带高低起伏的山地也为这些工厂隐蔽生产提供了地形上的便利。整个抗战时期，大量的人群向重庆汇集，这其中有政府官员、学生、产业工人、技术人员、知识分子以及各国的驻华机构，甚至大韩临时政府也选择在重庆办公。1941年12月8日，太平洋战争爆发，12月9日，

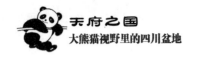
大韩民国临时政府发表对日宣战声明书，正式对轴心国宣战，并宣布重庆为大韩民国"租地办公"的临时首都，重庆成为中韩两个国家的政府办公地。2017年12月6日，时任韩国总统文在寅参观了重庆渝中区七星岗莲花池38号这处大韩民国临时政府办公旧址。抗战时期重庆在全国和亚洲的地位由此可见一斑。重庆在抗战中的地位事实上也是四川盆地在抗战中的地位，四川作为中国战略大后方的地位名副其实。

在古代没有动力装置的情况下，船舶逆流而上只能靠人工拉，纤夫一职由此产生。可以想象，靠拉纤在长江上逆流而上，其难度有多大。刘邦和刘备的军队都曾由三峡入蜀，可是别忘了，刘邦是入川封王，刘备是益州牧刘璋请去对付汉中的张鲁的。如果是两军作战，想沿长江逆流而上攻占巴蜀几乎不可能。三国时期刘备可以顺江而下出三峡攻击孙权，孙权却很少逆江而上攻击刘备。

在古代，水路是最方便的运输方式。如果是陆路，人可以翻山越岭，但粮草不行，粮草需要用车拉，肩扛肩挑肯定无法承担庞大的军需运输任务。但要过车的话，至少要有一辆车那么宽的路，坡度还不能太大，否则拉不上去，水路最大的好处是运粮方便。

从几千年的历史看，很少有军队逆长江而上从四川东大门攻打四川盆地，而从四川东大门顺流而下打出去，也是有相当风险的。如果没有其他线路的呼应，一旦不能取胜，想退回来就很难了。刘备当年被火烧连营仓促退回白帝城就是一个例证。因为三峡航道的艰险，蜀地如果偏安一隅的话，也很少去攻击别人。一般情况下，由西向东通过三峡去攻占楚地大都由北方政权所为，当年秦国就是先控制巴蜀之地，再出三峡攻占楚国；曹魏、司马氏政权也是首先攻占蜀汉，再由巴蜀过三峡东击孙吴，最终击败了吴国。"王濬楼船下益州，金陵王气黯然收。千寻铁锁沉江底，一片降幡出石头。"唐代刘禹锡的《西塞山怀古》讲的就是这段故事。

由于长江三峡流急滩险，所以古代人出入四川很少走这条路，大都要走汉中。

汉中地处关中平原和四川盆地之间，虽然是个小盆地，地理位置却特别重要。无论是从关中入蜀，还是由蜀地北上进入关中，汉中都是必经之地。汉中与关中隔着秦岭，与蜀中隔着米仓山（大巴山的西端），巴蜀政权和关中政权若想进攻对方，必须首先控制汉中地区。

三国时期，蜀汉政权虽然力量最弱，却能与曹魏、孙吴政权并存几十年，除了高耸入云的秦岭挡住了曹魏的进攻外，还与诸葛亮巧妙地利用蜀道"以攻为守"的军事策略有关。

蜀汉与曹魏两个政权南北对峙，蜀汉地处巴蜀之地，如欲北上进攻曹魏，必须先翻越秦岭，而秦岭这条东西向延伸的山脉，不仅在蜀汉和曹魏之间构成了极为巨大的自然屏障，同时也是蜀道中最为艰险、最难行走的一段。李白的《蜀道难》描写的就是这段路程。后人在诵读李白豪放辞章的同时，也对古代川陕交通的艰辛充满了巨大的好奇和探究的兴趣。

蜀道之难，难在要跨越秦岭、巴山两道重要的山脉。川陕交往的通道穿行于秦岭之中，道路只能选择山中谷地。山中岩石的断裂之处经过河流侵蚀后往往形成河谷，在河谷的宽阔之处逐渐形成了道路。但想穿过陡峭山崖则无路可寻，必须开凿栈道。

栈道一般是在水流湍急的陡壁上，利用裂石法凿出石洞，穿入

剑阁栈道

横木以为梁，然后在横梁上铺设木板，并在河身石底上竖起立木，作为横梁的支撑。古代没有炸药，开凿栈道一般都采用裂石法。即烧热石头，浇上冷水，利用热胀冷缩原理使石头开裂。用裂石法开凿栈道十分艰难，所以李白的诗里用"地崩山摧壮士死"来描写修建栈道付出的惨重代价。"蜀道难，难于上青天"不仅仅是书写在文学辞章内，也真实地存在于现实之中。

历史上，栈道在中国西南及陕南秦岭大巴山山地修建和分布最广、使用最多，这和其地理环境是密不可分的。中国西南地区山高水险，交通不便，在现代交通方式产生之前，栈道无疑是最为平直近捷的一种交通设施。再加上西南河谷地带森林众多，岩石分布多而裸露，这些都为修建栈道提供了必要的石基和栈木。

栈道原指在险绝处傍山架木而成的一种道路。《史记索隐》里有"险绝之处，傍绝山岩而施板梁为阁"，这便是所谓的"编木为栈"，是典型的古典式木栈。但现代的栈道含义要比这个广，原因是后来出现了石栈，如李白的《蜀道难》里就有"天梯石栈相钩连"之句。明清以来，随着火药的兴起和运用，石栈逐渐代替了木栈。

当年，诸葛亮北伐，从汉中起步，一路翻山越岭抵达关中，北伐中几乎所有的战事都发生在翻越秦岭的各条道路上，如果我们对蜀道和秦岭认识较深，阅读《三国演义》魏蜀相争时便能如临其境，深刻体会战事的艰难和《出师表》的壮志。

历史上，翻越秦岭的道路主要有四条，自东向西分别是：

子午道：子午镇→子午谷→秦岭→石泉→饶风关→南子午镇→城固→汉中。

傥骆道：周至→骆谷关→洋县→傥水→城固→汉中。

褒斜道：郿县→留坝→褒城→汉中。

故道（亦称陈仓道）：宝鸡益门镇→清姜河→略阳→勉县→汉中。

需要着重说明的是，这四条道并不是同一时间开通的，而是随着政治、军事的变化发展而逐步打通的。

最早打通的应该是故道。故道的得名缘于道路沿嘉陵江东源故道河而行。这条路北起今天的宝鸡市，古代时这里称为陈仓，因此这条道又名陈仓道。此外，这条道路入秦岭山口之处设有散关，由此亦有散关道之称。

散关为周朝时散国的关隘，故称散关。散关为关中四关（东为函谷关，南为武关，西为大散关，北为萧关）之一，位于今天宝鸡市南郊秦岭北麓，自古以来就是"川陕咽喉"。公元前206年，刘

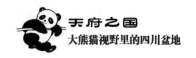
邦"明修栈道，暗度陈仓"就是从这里经过；三国时期曹操西征张鲁亦经由此地；公元228年诸葛亮越秦岭围陈仓拒曹真也是从此地经过。据史料记载，大散关曾发生战役达70余次。传说"老子西游遇关令尹喜于散关"，授《道德经》一卷，曹操过大散关留下诗作《晨上大散关》，唐代王勃、王维、岑参、杜甫、李商隐等，宋代的陆游、苏轼有关大散关的诗也特别多。其中以陆游的《书愤》一诗最为著名："早岁那知世事艰，中原北望气如山。楼船夜雪瓜洲渡，铁马秋风大散关。塞上长城空自许，镜中衰鬓已先斑。出师一表真名世，千载谁堪伯仲间？"

故道的开通历史非常久远，西周时期的青铜器散氏盘的铭文有"周道"字样。据王国维考证，周道即是故道，故道的开通当在商周之际。故道长达600多千米，沿途多山间谷地，不但易行走，而且适宜居住，故道上村落相连，景色别致。汉、唐在此都设有县、州等行政机构。

褒斜道由秦岭北侧的斜水谷地与南侧的褒水谷地组成。整个道路多谷地少坡板，且里程不足400千米，早在西周时期就已开通。据《华阳国志》记载："周武王伐纣，实得巴蜀之师。"辅助周武王灭商的巴蜀军队，进军的道路应该就是褒斜道。西周时期，古褒国就在秦岭南今褒城一带，那个大名鼎鼎"烽火戏诸侯"的主角周幽王的宠妃褒姒就来自褒国。由此可见，这条道路早就存在，至秦汉、魏晋时期，褒斜道已成为长安、汉中两地往来的交通要道。

子午道开通时间大约在秦汉时期，从今天西安市西北方向十余里的子午镇入子午谷。子午道全长在千里以上，路途遥远且道路险峻，沿途居民很少，在汉代全程无县级行政建置，到西晋、唐代也仅有一个石泉县。因物资供应和安全保障存在诸多困难，致使此道利用率较低。

傥骆道全长约 240 千米，开通时间大约在两汉之间，最初从今武功起步，走围谷入岭，后改从周至进入秦岭北侧的骆水谷地，与山地南侧的傥水谷地南北联通，构成越岭通道，是褒斜道、子午道等古道中最快捷也是最险峻的一条古道。从西安飞往汉中的飞机航线，就是沿着傥骆道的上空飞行的。虽然傥骆道在翻越秦岭的四条道中道路最短，但道路沿途多坡坂，且洛水与傥水之间绝水距离较长，行走不易，所以这条道的通行时间最晚。

三国时期，傥骆道主要用于军事活动。唐代中后期傥骆道使用最为频繁，特别是"安史之乱"后，皇帝、官员为求便捷，多取道傥骆道往返于长安、汉中之间。至唐宪宗元和年间（806—820），朝臣文士途经傥骆道者甚多，行旅益盛。著名诗人白居易、岑参、元稹等均曾著诗于傥骆道。唐代德宗、僖宗避战乱，均经由此路至汉中、四川。

除了上述 4 条道路外，祁山道也是翻越秦岭的通道之一。祁山道所经之处，为秦岭西端的余脉，今天的甘肃礼县通常被古代人称为祁山，而祁山道的起点，正好就在礼县。沿嘉陵江的西源西汉水，经过西和、徽（今甘肃省徽县）成（今甘肃省成县）盆地与故道相汇进入汉中。祁山道虽然很长且与关中相隔着陇山，但沿途平坦之处较长，便于部队行军与辎重运输。

讲四川的故事，之所以如此不惜笔墨地提及秦岭，是因为秦岭不仅在自然地理上是亚热带与暖温带的分界线，关中平原与四川盆地的分界线，同时还是关中文化与巴蜀文化的分界线，围绕秦岭的

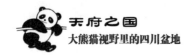
一举一动都深深地影响着山脉两侧的政治、经济和军事。从历史军事地理看，三国时期诸葛亮率军北伐，发生在秦岭通道的故事，堪称古代军事斗争的经典案例。

阅读三国史，很多人都会有一个疑问：魏、蜀、吴三国中，蜀汉立国最晚，底子最薄，基础最差，为何却能与稳居中原的曹魏政权、富甲一方的孙吴政权相抗衡？

后人在评价诸葛亮的一生时，经常用"三分天下，六出祁山，七擒孟获"来概括他的功绩。这其中，既有民间演绎的故事，也有真实的历史。其中"三分天下"来自《隆中对》，按照诸葛亮的谋划，刘备后来确实获取了荆州和益州。但诸葛亮预测的曹魏政权因皇子争权，出现内讧的"天下有变"局面却始终没有出现。在这种情况下，选择什么样的策略来巩固蜀汉政权成为后刘备时代诸葛亮的头等大事。

从后来的历史事实看，诸葛亮选择了以攻为守保全蜀汉政权的最佳选择，即军事上讲的"最好的防守就是进攻"。之所以作这种选择，首先是出于政治考量，蜀汉政权号称汉室正宗，只有打着"攻占中原，光复汉室"的旗帜才能聚拢人心。除此之外，也只有持续的北伐之举才能有效地御敌于国门之外，消除外来威胁的同时震慑蜀中本地的反对力量，要知道，刘备攻取益州其实并不能完全让天下人信服，只有保持一支常规的北伐力量才可能逐渐消弭天下人的口舌。

实际上，诸葛亮率军北伐，并非民间所传的六出祁山，而是五次。且五次北伐也不都是兵出祁山。只有三次确实是从祁山出发，另外两次，一次是从故道出发，一次是从褒斜道出发。不过，总的来说还是以祁山道为主，主要原因在于这条道不仅具备运送粮草的优势，

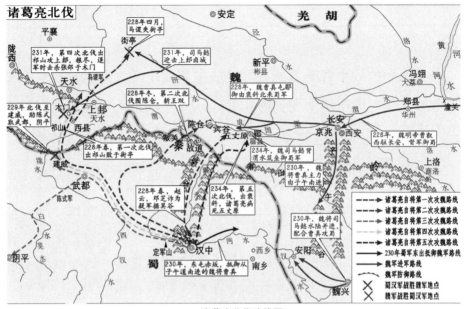

诸葛亮北伐路线图

而且越过秦岭后的天水盆地还可以就地屯田种植小麦，解决粮草供给的问题。

从军事地理的角度出发来考量诸葛亮的用兵之道，会发现诸葛亮北伐所经道路，无论是祁山道还是故道、褒斜道，这些道路在越过秦岭后的北出口分别在陇右、陈仓，这两个地方不仅和曹魏的都城洛阳相距甚远，且与关中的政治中心长安也有相当的距离。尤其是祁山道，受陇山阻隔，不仅不能对曹魏政权造成威胁，就是对驻扎在关中平原的曹军也难以实现实质性的打击。

蜀汉政权真正对曹魏政权造成威胁其实是在攻占荆州时期。荆州往北就是南阳盆地，从南阳盆地往北穿过伏牛山就是洛阳。关羽斩庞德、擒于禁，水淹七军声名远扬，曹魏都城洛阳压力倍增，和秦岭相比，伏牛山的艰险程度已大大降低，路程长度也缩短了。

诸葛亮北伐，对曹魏政权造成一定威胁且最接近成功的便是"失街亭"那一次。

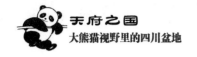
　　失街亭的故事几乎人所共知。后世戏曲中《失空斩》表现的便是诸葛亮挥泪斩马谡的那一幕，小说《三国演义》对此也有绘声绘色的描述。真实的故事便发生在公元228年蜀汉军队出祁山道北伐的路上。

　　街亭，又名街泉亭，故址在甘肃庄浪东南、陇山山口之处，为古代兵家必争之地，具有得失陇右、安危关中的战略地位。陇山即六盘山。毛主席诗词《清平乐·六盘山》中有"六盘山上高峰，红旗漫卷西风"的诗句，这里的六盘山指的就是陇山。这座南北走向的山脉将关中平原与天水盆地划分在东西两侧，东侧为关中平原，西侧为天水盆地。街亭则是从陇右（天水盆地）进入关中的必经之地，失去街亭就意味着阻断了通往关中的道路，也就是说，这次军事行动尚未实质性地铺开，就因失去街亭而断送了。马谡输掉的不是一场战斗而是一场战役，诸葛亮的愤怒可想而知。

　　蜀汉街亭之战失败带来的影响是巨大的，它不仅令第一次北伐功败垂成，而且使蜀汉在陇右地区的影响力下降。此次出兵，诸葛亮亲自统兵，声称由斜谷道攻取郿县，并派赵云、邓芒为疑军，据箕谷，曹真因此亲自防守郿县，诸葛亮自己则亲率大军进攻祁山。诸葛亮北伐令天水、南安和安定三郡叛魏响应，关中震动，魏明帝亲自到长安督战，魏国上下一片惊讶和恐慌。街亭之战，蜀汉数次北伐亦未能获得比本次令三郡投降更大的影响，也让本来已因夷陵之战元气大伤的蜀汉雪上加霜。战后，曹魏加强了对蜀汉的防卫，包括曹真预计诸葛亮会攻陈仓，命人加强了对蜀汉的防守，以致228年年底诸葛亮进攻陈仓时无功而返，曹魏的防备让此后蜀汉的北伐再也没有取得更大的成果。

从军事地理学的角度我们注意到，诸葛亮数次北伐选择的路径，几乎没有对曹魏政权构成真正的军事威胁，有的只是牵制作用和疲兵功能，进而达到以攻为守的战略功效。

面对诸葛亮选择的北伐路径，蜀汉将军魏延十分不理解。他曾提出亲率五千精兵，直接从褒中出发，沿着秦岭向东，到子午道后折向北方，直接进攻长安，诸葛亮可以从斜谷出来接应。走子午道从秦岭北坡下来，快马抵达长安，出其不意偷袭，应能对曹军造成实质性的打击。魏延的计策或许有些冒险，但军事进攻的成功很多时候就依赖于"兵着险棋"，日后魏军邓艾如果不是"兵着险棋"冒险一试，怎能取得阴平偷袭的成功？但诸葛亮一生谨慎，没有应允这一提议。这一点也让魏延心中烦闷郁结，心有不甘，进而在诸葛亮病逝五丈原后发生不遵遗命坚持北伐之举，造成了个人和蜀汉的悲剧。

兵出子午道会不会成功？或者说在蜀汉军队进攻关中的路径选择上诸葛亮和魏延的方案究竟哪一个成功的可能性大一些？这成为千百年来许多军事家讨论的话题。

支持诸葛亮的案例有：明末农民起义军领袖高迎祥用了魏延的办法，结果遭到孙传庭的伏击，全军覆没，自己也被俘，押往北京被凌迟处死，农民军起义遭到重创。

支持魏延的案例有：日后邓艾取道阴平小道，偷袭江油，直下成都，取得了占领蜀汉的重大胜利。

而在同一地点，正反两方面的案例有：当年石达开率兵在大渡河边全军覆没，而英勇的中国工农红军抢渡大渡河成功，从此摆脱了蒋军的追击，取得了长征路上的重大胜利。

历史从来无法假设，我的观点是：不入虎穴，焉得虎子。

诸葛亮第一次北伐因街亭之败而功亏一篑。心有不甘的诸葛亮在同年冬很快就组织了第二次北伐。当时陆逊在石亭打败曹休之后，诸葛亮趁机走陈仓道，出散关，包围陈仓，战役进行了20多天仍没打下陈仓，此时魏国的援军已陆续赶到，蜀军不得已只能退回汉中。诸葛亮这次出兵的路线和当年"明修栈道，暗度陈仓"的韩信所走的路线是完全一致的。但韩信冒险成功了，诸葛亮却无功而返。单凭这一点，并不能说明诸葛亮用兵不如韩信，盖因韩信当时面对的敌人是项羽，而项羽的主力当时正攻打齐国，关中是由几个秦国的降将把守，而诸葛亮当时面对的却是曹魏的精锐部队。

诸葛亮第三次北伐发生在229年，诸葛亮率兵进攻武都（今甘肃成县）、阴平（今甘肃文县），不仅打败了魏国的援军，还乘机占了这两郡，并派军队把守。这一次，诸葛亮实现了一定的战略目标：打通了通往祁山的道路，占领陇右，再由陇右向关中推进。

诸葛亮的第四次北伐发生在231年，这一次蜀军和魏军展开了拉锯战，双方僵持之际，诸葛亮遭遇了人祸：刘禅听信谗言，说诸葛亮早晚要称帝，于是下令诸葛亮退兵，无奈之下，诸葛亮只得班师回朝，并在回去的途中用计伏击了魏国的名将张郃。

诸葛亮晚年也曾试图对关中曹军给予真正的军事打击，从231年开始一面练兵备战，一面整修褒斜道上的栈道，并制作木牛流马运送物资。234年，诸葛亮亲率十万大军出斜阳谷口开始了第五次北伐。这一次出击，蜀军深入关中腹地的眉县，在渭水南岸的五丈原扎营，这里离长安只有100多千米，这也是诸葛亮军事生涯中最冒险的一次。由于蜀军逼近长安，魏国大震，魏将司马懿为避其锋芒，采取了坚守不战之策。双方在渭河之滨相持了 100 多天。到了八月，诸葛亮积劳成疾，病情日益严重，最后病死在距山口 25 千米的五丈原，蜀军此次出兵无功而返。后人评价诸葛亮的此次北伐无限感慨，诗人杜甫作诗："出师未捷身先死，长使英雄泪满襟。"

秦岭界分南北，发生在蜀道上的故事太多了，而诸葛亮北伐便是最让人难忘的一幕。

汉中与关中隔着秦岭，与蜀中隔着米仓山（大巴山的西端）。汉中到关中的道路极其艰险，而汉中到巴蜀的路也并不平坦。

四川盆地内部是一马平川，只有一些丘陵，很难形成险阻。从汉中来的兵马只要进入盆地，成都就几乎无险可守，所以四川盆地北面防守的关键在大巴山的几条通道上。从汉中到蜀中，主要有三条道路，从西向东分别是金牛道、米仓道、荔枝道。

金牛道从阳平关（在汉中勉县附近）出发，过米仓山，到四川广元，再经过剑门关（剑阁），到达绵阳，最后抵达成都。

金牛道是我国历史上设置栈道较早的古道，其栈道设置最为典型。诸葛亮曾在剑门关一带置阁道三十里，并置阁尉守御。

米仓道自汉中（南郑）出发，过米仓山，直通四川的巴中，进入成都平原。

荔枝道从汉中子午镇出发，经过西乡、万源，最后到达四川达州，达州向南可直达重庆。当年杨贵妃吃荔枝，唐玄宗派人从四川往长安急运，因为这条道距长安最近，所以"一骑红尘妃子笑，无人知是荔枝来"走的就是这条道，所以也被称为"荔枝道"。

除了这三条主要道路外，还有一条小道可以从汉中绕道通往蜀

荔枝道

中，不过路途却极其复杂难行。这条道叫阴平小道，从甘肃文县翻越摩天岭，穿过龙门山，最后直抵江油。三国时期，邓艾偷渡阴平，走的就是这条小道。

在这几条道中，最常走的是金牛道，因为金牛道离蜀中的政治中心成都的距离最近。

走金牛道一般需走剑门关。当年，诸葛亮任蜀汉丞相时，见大剑山中断处壁立千仞，天开一线，便在此垒石为关，以为屏障，称为剑阁关，唐朝以后改称剑门关。

剑门关自古以来就号称"剑门天下雄"，是入蜀咽喉、军事重镇，历来为兵家必争之地。诸葛亮后来五出祁山，姜维十一次北伐中原，都曾经过此地。自从诸葛亮在这里设关以来，剑门关从来没被正面攻克过。若想攻克剑门关，只能采取迂回的办法，从小路绕到剑门关背后，邓艾当时就是这么做的。当时钟会率十万大军攻打剑门关，连攻几个月都未能成功，最后，粮草不继准备退军时，却传来了邓艾偷袭成功的消息，于是镇守剑门关的守将姜维只好投降，钟会大军才得以进入剑门关内。

民国时期，各路军阀为控制四川，曾反复争夺剑阁县。1920年7月，靖川军总司令刘存厚曾率兵由汉中攻下广元，进逼剑阁。靖国军第五师吕超得知广元失守后，即令由甘肃入川援吕的卢占魁部守剑门关。刘存厚军以一部正面佯攻剑门关，同时兵分一部由张王庙（今剑阁张镇）、青树子迂回直逼剑门关背面。守关卢军腹背受击，夺路退往剑阁县城，刘存厚部自此攻克剑门关。

米仓古道，始创于秦朝末年，兴于汉代，距今已有2000多年。

剑门关

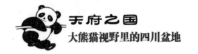
如果从夏商时期算起，至今已有 3500 多年，这是中国最早的国道。随着时间的推移，米仓道在川东北地区政治、军事、经济上的地位和作用也越来越大，逐步又分为官道、兵道、商道。其纵贯秦巴山山区，联结黄河、长江流域，北上三秦而通中原，南下四川而达南方，自古就是兵家必争之地。

萧何月下追韩信于韩溪河，曹操征张鲁而刘备筑牟阳城于大坝，唐代皇子李贤、李重茂贬谪巴州集州，宋元之际蒙军入川攻打合川钓鱼城，清代白莲教义军横行川峡各州县，现代红四方面军建川陕苏区于川北等，许多历史性事件都发生在这一区域。

三国名将张飞、严颜，大诗人李白、杜甫、王勃、韦应物、李商隐、陆游，抗金名将宗泽、岳飞等人都曾在此留下足迹。

荔枝古道亦称子午古道，是指始于涪陵，连接四川、陕西、湖北的古代陆上商业贸易路线，是古蜀道的重要组成部分，始建于唐天宝年间（742—756），唐玄宗为了满足杨玉环食新鲜荔枝的喜好，建起了一条专供荔枝运输的驿道。它以大唐涪陵郡为起点，经子午道到达长安。它最初的作用就是运输涪州出产的荔枝。10 世纪 80年代被宋代地理学家命名为"荔枝古道"后，即被推广，并使用至今。

总体而言，大巴山没有秦岭那么险峻，从蜀中取汉中比较容易，所以自古以来，汉中很容易成为巴蜀的附属。秦国最早夺取了汉中，后来又轻易地被蜀国抢走。历史上，汉中常常被巴蜀占据，既是作为四川盆地北部的屏障，同时也是北上夺取关中的基地。刘邦如此，诸葛亮也是如此。刘邦夺取关中成功，诸葛亮功败垂成，主要原因还是因为汉中地区当时人口太少。诸葛亮北伐时几乎所有的粮草都是从成都运过来的。从成都到汉中，再运到祁山，一路上几乎全是狭窄的山路，运输难度大、效率低、损耗多，诸葛亮几次北伐都是因为粮草用尽而不得不返回汉中或成都，主要还是因为这里的路太难走，从而印证了李白"蜀道难，难于上青天"的说法。

自古以来，巴蜀地区与外界沟通主要依靠陆上交通线，随着巴蜀地区经济社会的发展，特别是唐代以后该地区各种出产物日益增多，对外交通也变得十分重要。除东部地区以航道行船为主外，巴蜀与周边陆上交通线主要由北线、南线、西线构成。北线主要沟通中原地区，南线沟通滇黔等西南地区，西线与当时的吐蕃有一定的沟通。

古代四川盆地与川西等地的陆上交通线主要通过灵关路、和川路得以实现。灵关路可以经雅州进入卢山，北行入宝兴，在宝兴分路，一段翻越夹金山经小金县进入川西的民族地区；另一段则在宝兴过夹金山，进入丹巴再向西，最终到达吐蕃之地。和川路也是当时巴蜀地区进入吐蕃地区实现贸易沟通的重要陆上线路，可以从雅州到甘孜，循雅砻江河谷西北行，在德格的浪多过江进入石渠县，最终西渡金沙江进入西藏地区。

巴蜀与西南地区的交通线很多，根据线路的基本走向，一般可以分为南、北两路。南路是从成都出发经邛崃入雅安，再经荥经、汉源等地，过大渡河，经冕宁进入西昌，继续南下，经会理等地南渡金沙江，进入云南，最终西行抵达大理。北线是从成都出发，经宜宾入云南昭通，折咸宁进入云南曲靖，再西入昆明，最终到达大理与南线汇合。

由于四川盆地的主要威胁来自北方和东部，再加上西部横断山区地形复杂，山川纵横交错且人烟稀少，南部又邻云贵高原，路况

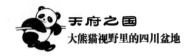
复杂、开发较晚，所以四川盆地的西南部地区征战较少，大部分时间里进行着密切的贸易往来。著名的南方丝绸之路就在这一地区。

南方丝绸之路是相对于河西走廊的丝绸之路而由今天的学者命名的一个名称。这条商路以成都为中心，大体上分为西、南二路。西路：成都—雅安—西昌—大姚—永昌—八莫（缅甸）—印度、中亚；南路：成都—宜宾—昭通—昆明—弥勒—文山—河内—东南亚。这两条线路，一条从西南到印度，再从印度经巴基斯坦至中亚阿富汗，由此再西去伊朗和西亚、地中海，这条线路正是南方丝绸之路所途经的国际交通线。而另一条线路则通过越南河内进入东南亚进而转道南亚与西线汇合。经过这两条线路，四川所产的丝绸、锦缎、铁器、漆器等源源不断运向海外。

四川西南横断山地，江河横溢，层峦叠嶂。和北部栈道不同，西南少数民族先民在长期的发展和交往中，创造了征服江河险阻、独具特色的交通工具，其中最为著名的有筰马和筰桥。筰马和筰桥成为西南横断山地和南方丝绸之路的重要交通工具。

筰马体形较小，善于山地行走，且能负重，汉称"筰马"，后称"滇池驹""建昌马"。早在春秋战国时期，筰马就已经从巴蜀输往内地；汉代，筰马成为西南与内地贸易的重要物资；三国时期，筰马为蜀国战马，具有品质优良、善于驱驰的特点。

筰桥即竹索或藤索桥，亦有以索为桥的意思。西南少数民族大都擅长架设溜索为桥飞渡江河深涧。对于南方丝绸之路来说，征服天堑金沙江是极为重要的。有了筰桥就可以飞渡江河天堑深谷，从事地区间的远程贸易。

栈道、筰桥、川江航道，这些都是四川盆地特有的交通工具，

川江航道

由此也可以看出四川作为中国战略大后方的天然优势。即使是 20 世纪六七十年代的"大三线"建设时期，四川盆地依然是这一庞大规划中非常重要的一环。从古至今，四川拥有的独特地理位置与地形特点，使它始终拥有中国战略大后方的独特地位。

第三章

蜀之门户

　　汉中位于今天的陕西和四川的交界处，尽管在行政区划上属于陕西，但在地理学的概念中它更接近于四川，而在文化习俗上，它几乎和四川盆地相差无几。控制这一地区，向南可平巴蜀，向东可击楚地，向北则对关中造成极大威胁。战国时期，汉中一直是秦国、巴蜀和楚国争夺的战略要地；三国时期，汉中仍然是魏、蜀、吴三国争夺的重点。

在中国的历史地理学中，提到四川往往会提及汉中，而在小说《三国演义》中，汉中与蜀国的联系也非常紧密。

汉中位于今天的陕西和四川的交界处，尽管在行政区划上属于陕西，但在地理学的概念中它更接近于四川，而在文化习俗上，它几乎和四川盆地相差无几。

这一现象的产生其实并不奇怪。汉中虽然在行政区划上属于陕西省，但地质气候更接近四川。陕西大部分地区的水系属于黄河水系，而汉中却和四川的其他地区一样属于长江水系。它的北面是秦岭，隔着秦岭和陕西的关中地区相望；南面是米仓山（又称巴山），隔着米仓山与四川盆地相邻。

汉中夹在两座大山之间形成一个相对独立的盆地，无论翻越秦岭北上关中，还是穿越巴山南下蜀地都十分不易。这里自古就被誉为"秦之咽喉""蜀中门户"，这两个称呼不仅道出了汉中位置的重要性，也透露出其中路途的艰险。

汉中北部的秦岭势如屏障，横亘在关中平原和汉中盆地之间。秦岭活人坪梁顶海拔达3071米，其他较高的山峰也大都在2500米

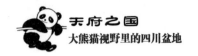

汉中地形示意图

以上；相比而言，南部米仓山的最高峰箭杆山海拔只有 2534 米，一般山体海拔在 1000 ~ 1500 米，也就是说，从汉中盆地南下蜀地相对而言比翻山越岭北上更容易一些，而在气候方面受四川盆地的影响更多一些。历史上秦国从关中平原翻越秦岭南下征服蜀地取得了成功，而诸葛亮从蜀地六出祁山北伐中原却留下了一声声叹息。

尽管今天的汉中在行政区划上属于陕西，但在古代的大部分时间里，汉中是和蜀地紧密联系在一起的。

夏至西周，汉中地区先后属于梁州、雍州管辖。在古代华夏的九州版图中，梁州的范围一般指包含四川盆地在内的西南地区，而雍州大抵指以关中平原为中心的西北地区。汉中最早属于西南地区的梁州管辖，而后才被西北地区的雍州接管。而在春秋战国的大部分时间里，汉中都属于巴蜀地区管辖。直到公元前316年秦国的张仪、司马错率军攻灭巴蜀后，才在汉中地区设立汉中郡，此时的汉中才由巴蜀地区管辖过渡为关中地区管辖。从此以后，战略地位十分重要的汉中地区轮番由南北政权交叉管理。

东汉末年，天下大乱，张鲁趁机割据汉中，并将汉中郡改名为汉宁郡。汉中地区成为迥异于南北方的独立王国。公元215年，曹操征降张鲁，又将汉宁郡恢复为汉中郡，汉中再次回到中原政权的怀抱。四年后，刘备占据汉中，汉中地区又一次成为西南蜀国的战略前沿阵地。直到公元263年，魏灭蜀，汉中地区才又一次回归中原政权。

南北朝大动乱时代，汉中又一次成为南北政权争夺的重点，在几百年里先后被南北方的刘宋、萧齐、北魏、萧梁、西魏、北周交叉占领。

隋唐统一时期，汉中和巴蜀同属中原政权管辖。而到了五代十国大分裂时期，汉中地区又一次被南北政权交叉控制，在唐朝灭亡、北宋建立的近百年中，汉中地区先后被前蜀、后唐、后蜀占领。

北宋之后，南方的南宋和北方的金政权对立，汉中再一次归南方政权管辖。

元朝建立后，在汉中地区设立兴元路，归陕西管辖，这是历史上首次明确汉中地区隶属陕西管辖的开始，这一管理区域的划分原则一直延续到今天。之所以延续这种划分习惯，很大程度上还是由于汉中地区在中华版图中的战略地位所决定的。历史事实是：在古代中国，若想控制全国，必先控制巴蜀地区，若想控制巴蜀地区，必须首先控制汉中地区。刘备正是因为首先拿下汉中才进一步控制了巴蜀，刘邦也是因为有了"汉中王"的称号才进一步挺进关中继而建立了大汉王朝。而在汉朝之前的秦国和汉朝之后的蒙古政权，

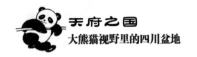
都是在统一全国之前首先攻取汉中和巴蜀地区。

刘邦和刘备，作为大汉王朝的建立者和大汉王朝终结的见证者，都在汉中地区留下了长长的足迹。这两段历史的回响可以从今天汉中的市树和市花中得到印证。

汉中市市树是桂花树。最具标志性的一棵桂花树在汉中市南郑县圣水寺庙内，传说这棵树是西汉高祖元年（前206）由汉高祖刘邦的第一功臣萧何亲手栽植的，故又被称为"汉桂"。汉中市的市花则选择了旱莲，而最著名最具有代表性的一株旱莲生长在汉中市勉县的武侯祠内。作为迄今为止世界上唯一的一株古旱莲，其树龄已有400多年，专家们用碳十四测定，这是一株种植于明万历年间（1573—1619）的稀奇树种。它以珍奇、独特、秀丽及年代久远被汉中市选为市花。

观察今天汉中的市树和市花，我们可以发现，两者都和大汉王朝密切相关。前者和大汉王朝的首任丞相萧何有关，后者和兴复汉室的蜀汉政权开国丞相诸葛亮相关。这座城市的大汉情结由此可见。

作为"汉家发祥地"，汉中境内有许多史前遗址。其中最著名的遗址有四处：李家村遗址、龙岗寺遗址、何家湾遗址、宝山遗址。

李家村遗址位于汉中市西乡县，面积26000平方米，距今7000年以上，是新石器时代的古人类遗址。

龙岗寺遗址位于汉中市南郑区梁山镇汉江南岸，属于旧石器时代到汉代的文化遗存。这里曾目睹了先民从远古走来汇聚成河进而形成统一汉文化的过程。

何家湾遗址位于汉中市西乡县城南街道，面积约45000平方米，距今更为久远，达7500年以上，是新石器时代的古人类遗址。

宝山遗址位于汉中市城固县，占地面积约 50000 平方米，距今 6000 年到 3000 年，属新石器时代到商代的文化遗存，其中商代文化遗存最为丰富。

今天的汉中市区域面积只有 27246 平方千米，常住人口 318 万（截至 2021 年），在中国 300 多个地级市中只能算是四线城市。但在这么狭小的地域内却发现了如此多的古人类遗址，不仅证实了这里人类生活痕迹的久远，而且证实了这里文化底蕴的深厚，其历史长度和文化厚度足以支撑起"全球汉人老家"的称号。

汉中市内有许多人文古迹，但大部分古迹都和"两汉"（汉朝、蜀汉）相关。

汉朝开国皇帝刘邦和"大汉三杰"萧何、张良、韩信在汉中都留有遗迹。

汉台遗址位于汉中市汉台区，是刘邦驻跸汉中的行宫遗址，为典型的秦汉宫廷模式。

饮马池遗址也位于汉中市汉台区，这个遗址同样和汉王刘邦进驻汉中有关，传说是刘邦经常饮马的地方，这里至今仍是一泓碧水。

和萧何相关的是我们前面提到的汉中市南郑县圣水寺庙内的桂花树。和张良相关的遗址是位于汉中市留坝县留侯镇的张良庙，张良生前曾被刘邦封为留侯，留侯镇正是张良功成身退的隐居之地，镇名也来源于张良的封号。这里的张良庙也是目前中国规模最大、保存最完整的祭祀张良的祠庙。和韩信相关的遗迹是位于汉中市汉台区的拜将坛遗址，这里是刘邦拜韩信为大将的古坛场遗迹，修复后的拜将坛遗迹外观呈秦汉时期典型的覆斗形。

和刘邦的大汉相比，刘备的蜀汉在汉中市的遗迹并不多，主要

汉中张良庙

有位于勉县的武侯墓和武侯祠。

武侯墓位于汉中市勉县定军山下，是三国时期蜀汉丞相诸葛亮的墓冢所在地，墓园占地达24万平方米。武侯祠位于勉县城西3千米处，始建于公元263年，是中国众多武侯祠中建祠最早且唯一由皇帝（蜀后主刘禅）下诏修建，融建筑、雕刻、绘画、书法、文学、园林艺术于一体的祠庙。

诸葛亮一生和汉中有不解之缘，公元228年三月，诸葛亮首次北伐便率军驻汉中，屯兵勉县；公元234年二月，诸葛亮最后一次北伐经汉中兵出斜谷道，进驻五丈原；八月，在军营病逝。临终前命部下将自己葬在汉中定军山，依山势修建坟墓，以此表达自己毕生北伐的遗愿。

作为"汉家的发祥地"，汉中市除了拥有两位"汉中王"的遗迹外，

武侯祠

还有许多汉朝遗迹：位于汉中市汉台区的褒斜道石门及其摩崖石刻由褒斜道遗址、石门遗址和石门石刻三部分组成。其中褒斜道上的石门（石门隧道）是中国最早的人工隧道。石门内及附近有东汉至明清时期的摩崖题刻，其中的《石门颂》《石门铭》等13通是汉魏时期的石刻。

作为古老的城市，汉中拥有建于西汉时期（7）的水利工程五门堰。该堰位于汉中市城固县，其拦河坝长374米，坝高1.2米，坝顶平台宽2.5米，坝坡宽15米，渠首五洞下500米处，设有进水龙门2孔，退水龙门4孔，可控制水量，设计科学合理，至今仍发挥着灌溉作用。

除了石门隧道和五门堰外，汉中还是西汉外交家、丝绸之路开辟者张骞和东汉科学家、造纸术的发明者蔡伦的魂归之处。

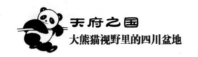
在汉中市城固县，有公元前 2 世纪（前 200—前 101）汉帝国杰出的外交家、探险家张骞的墓葬。墓葬为斜坡墓道砖室墓，坐西向东，夯筑封土，覆斗形，平面呈长方形。2014 年 6 月，张骞墓被联合国教科文组织列入世界文化遗产名录。

蔡伦墓和蔡伦祠位于汉中市洋县，占地 2 万多平方米，分为南北两部分，墓地居北，现存封土为覆斗形；祠居南，祠的中轴线上由南而北依次为山门、拜殿、献殿，祠的中轴线两侧有钟楼、鼓楼、厢房、戏楼等古建筑。蔡伦因造纸有功被汉和帝封为"龙亭侯"，"龙亭"就是今天汉中市的洋县。

由于汉中地位的独特性，汉帝国以后很多朝代都在汉中建有标志性建筑。

唐朝初年，在汉中市洋县建有开明寺塔，其建筑形状为单层多檐式砖塔，塔身北面正中设券门，至顶高约 3 米；唐开元年间在汉中略阳县建有灵岩寺摩崖，唐代大诗人杜甫和唐宋八大家之一的苏轼都曾畅游灵岩。

南宋在今天的汉中市汉台区建有汉中东塔，为单层多檐式实心方砖塔，高约 15 米。

汉中洋县的良马寺觉皇殿建于元统治时期的 1261 年，面积达 270 平方米，高 12 米，长 18 米，宽 15 米，面阔 5 间，进深 4 间。

明代在汉中遗有青木川老街建筑群，其地点位于汉中市宁强县青木川镇，这里地处陕、甘、川三省交界处。古镇始建于明成化年间（1465—1487），历经沧桑，留有大量保存完好、风格迥异的古街古祠古建筑群等历史遗迹。

青木川镇的魏家坝村还有建于民国时期的魏氏庄园，庄园包括并排相连的两处。老宅院建于民国十六年（1927），分前后两进，共有房屋 61 间。新宅院建有三进。新院子和老院子相比，更多地融入西方的建筑风格和近代建筑文化，分前院、书堂和后院，由造型一致的两个四合院构成，砖木两层结构，整个建筑呈轴对称图形，左右前后对称，上下对称。

抗战时期著名的西南联大位于昆明，而同样著名的西北联大则位于汉中市城固县。1937 年 9 月，国立北平大学、国立北平师范大学、国立北洋工学院 3 所国立大学和北平研究院迁至陕西西安，组成国立西安临时大学。

1938 年日军占领风陵渡后，潼关告急。西安临时大学自 1938 年 3 月 16 日起南迁陕西汉中。4 月 3 日，国民政府将西安临时大学改为西北联合大学，并分布在城固县的三处地方：西北联大法商学院旧址位于今天的城固一中内，西北联大工学院旧址位于城固县古路坝镇，西北师范学院与国立西北大学共用图书馆则位于城固师范内。

不同时期的标志性建筑犹如一段段无声的历史忠实记录着汉中在历史长河中饱经的风霜。

汉中之所以重要，是因为它是秦人南下进攻巴蜀的必经之路；而巴蜀地区之所以重要，也是因为它是秦人南下进攻楚国的重要通道。

从三星堆出土的文物我们可以证实，古蜀国文明不但存在，而且在早期是独立发展的，一直到战国末期，才和中原文明有了交集。

而在四川盆地内，很早就存在着蜀国和巴国两个国家，蜀国地处盆地的西边，以平原为主；巴国地处盆地的东边，以山地为主。

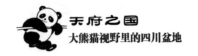
这两个国家从一开始就在盆地里内斗。

蜀人以种地为生，巴人以贩盐为生。蜀人地处平原，有较为优越的农耕条件；而巴人地处山地，粮食产量不高，但可以贩盐。在三峡两岸，有许多古老的盐井，巴人将这些井里的卤水提取后，煮一煮就成了盐。这种盐被人称为巴盐，时间久了，慢慢就变成了"盐巴"。

巴盐生产和贩运虽说也是一种谋生的手段，但在农耕民族眼里，这种不稼不穑、不劳而获的行为甚为可耻，不能算正经营生，所以就连远在东边的楚国也把巴国的子民称为"下里巴人"。而位于西边的蜀国因为产粮，仗着国力强盛经常欺负巴国。

到了战国末期，巴国又被蜀国欺负，情急之下，巴国向北面的秦国求救。秦国大将司马错当时正想先取巴蜀，再顺长江而下攻取楚国。于是很痛快地答应了巴国，南下秦岭灭了蜀国，然后顺便把巴国也灭了。

这种典型的假途灭虢之计其实也不是秦人的发明创造，几百年前晋人就干过。春秋之初，晋献公为了攻占中原，实现霸业，决定南下攻打虢国，夺取崤函要地，但虞国和虢国相邻，为晋国攻打虢国的必经之地，于是晋献公采取各个击破的策略，向虞国借路攻打虢国，先后攻下了虢国的下阳（今山西平陆境）和上阳（今河南陕西境），班师回国途中顺便把虞国也灭了。晋国自此以后很快控制崤函要地，西边拒秦，南下伐楚，成为春秋时期的霸主。

巴国和蜀国本来是两个国家，被秦国灭了以后并入秦国的版图，改为巴郡和蜀郡。巴蜀正式纳入华夏文明版图。

这是中国历史上的一个重要时刻。秦国越过高高的秦岭攻占巴

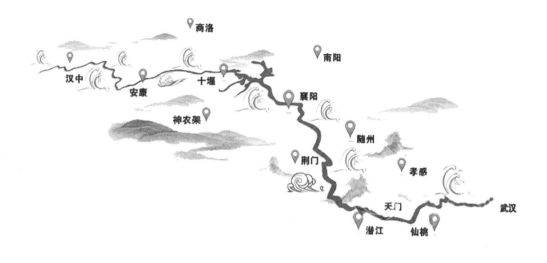

汉水流域图

蜀，使秦国拥有了一块巨大的后方基地，这一基地的存在和巩固不但使后来的秦国在攻打楚国时占尽了地形之利，也使秦国在吞并东方六国时有了较为雄厚的财源和兵源。

不过，秦国攻占巴蜀的巨大战略意义是在秦统一六国时才逐渐显现的，秦攻占巴蜀之前，内部对是否攻占巴蜀曾有过一番激烈的争论。当时的巴蜀还不是后来的天府之国，成都一带多水，经常泛滥成灾，百姓流离失所，日子过得并不舒心。张仪因此认为攻占巴蜀没有什么实际价值。他建议秦国应先取洛阳，据九鼎。司马错却认为，攻击周天子会成为众矢之的，而攻打巴蜀却是尊王攘夷，政治上正确，可以名正言顺地占有巴蜀。秦惠王最终采纳了司马错的建议。

秦人从关中南下，首先必须占领的就是汉中，汉中在此时已属于蜀国。在此之前，也就是春秋之前，这里也曾是个独立的国家，

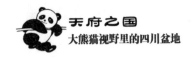

叫褒国。褒国从夏朝开始就一直存在着，直到东周初期才灭亡。褒国在历史上不是很有名，但褒国出生的褒姒很多人都知道，就是"烽火戏诸侯"的那个大美女。因为褒姒很有名，所以这里至今还有很多以"褒"命名的地名，如褒河、褒河镇、褒城县等。春秋时期，褒国曾被秦国所灭，后来被蜀国抢走。司马错灭蜀，首先抢回了这里，并设置汉中郡。

汉中因汉水而得名。汉水又被称为汉江，为长江重要的支流。现代水文测量技术认定汉水有三个源头：中源漾水、北源沮水、南源玉带河，均在秦岭南麓陕西宁强县境内，流经沔（miǎn）县（今勉县）称沔水，向东流至汉中后始称汉水；自安康至丹江口段古代时称沧浪水，襄阳以下别名襄江、襄水。汉水是长江最长的支流，全长 1577 千米（另一说法认为雅砻江是长江最长的支流）。

长江径流量最大的支流岷江滋润着成都这座城市，长江流域面积最大的支流嘉陵江装扮着重庆这座山城，而汉水则催生了武汉这座城市。武汉三镇长江以东为武昌，长江以西汉水以北为汉口，汉水以南为汉阳。

汉水在历史上占据着极其重要的地位，在古代，汉水经常与长江、淮河、黄河并列，合称"江淮河汉"。

战国时期，汉水流域以及汉水通道一直是秦国、巴蜀和楚国争夺的战略要地，直到三国时期，汉水流域仍然是魏、蜀、吴三国争夺的重点，而汉中正是这一战略区域的核心要地。控制这一区域，向南可平巴蜀，向东可击楚地。

从汉中顺汉水而下，可以直达襄阳。汉水上游，在秦岭和大巴山之间穿行，是秦国和巴蜀常年争夺的区域，汉水下游还有两个小盆地：一个是安康，地势和汉中相当，基本上是汉中的附属；另一个在武当山南面的竹溪县和竹山县，是个高山盆地，四面环山。商朝和周朝时期，这里有个庸国，其位置正好处在秦、巴、楚三国交界的地方。庸国当时有点不自量力，向楚国挑战，楚国一怒之下联合秦、巴两国瓜分了庸国的土地，"庸人自扰"这个成语说的就是这段故事。

楚国灭庸后，庸人仓皇出逃，一部分人逃至今湖南张家界一带，在那里定居。庸人怀念故土，于是将附近的一条河命名为"大庸溪"。因竹山、竹溪一带位于张家界（原名大庸）的北面，因此，这里也被称为"上庸"，张家界一带称为"下庸"。

上庸一带已非常接近襄阳，直线距离才 200 千米左右。三国时期刘封和孟达镇守上庸，距荆州很近。关羽在荆州败走麦城时，刘封本来是想派兵救援的，但孟达劝说，如果把上庸的兵派往荆州，一旦曹魏向南进攻，上庸不但不能自保，还可能牵连汉中。由此可见，上庸和襄阳、汉中的关系。如果说汉中是关中平原和成都平原的中转地，上庸就是汉中和襄阳的中转地。

魏蜀两国争霸汉中是后来的事了，遥想秦朝末年，不论是项羽还是刘邦，都没有充分认识到汉中的重要性。

当初，刘邦和项羽合力推翻秦朝后，按照双方约定，率先进入关中的刘邦应该被封为关中王，但项羽显然不想让刘邦的势力在关中做大。几经考虑，项羽接受了谋士范增的建议，把刘邦封到巴蜀和汉中。范增告诉项羽，巴蜀、汉中在当时也属于关中管辖，把刘邦分封到巴蜀、汉中，名义上并没有违背约定。最主要的是，巴蜀在当时仍属于偏僻荒凉之地，进出巴蜀只有修建栈道，过去只有流

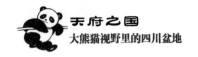
放的犯人才会发配到那里，将刘邦封往巴蜀、汉中，可以极大地抑制刘邦的发展。

而刘邦听闻被封到汉中、蜀地后也满肚子不高兴，当时的汉中和成都平原仍属贫瘠之地，远非关中平原可比。而且"汉中王"这个名号一点也不霸气，远非"西楚霸王"这个名号响亮。后来张良给他解释，说汉指的是银河，非常吉祥。在古文中，汉指的就是银河，"迢迢牵牛星，皎皎河汉女"，以及"河汉清且浅，相去复几许"，都是汉朝时有名的诗句，这里面的汉指的就是银河。刘邦听了张良的话非常高兴，非常愉快地接受了"汉王"这个封号，即使后来统一了全国，仍旧以"汉"为国号。而汉朝的子民也就顺理成章成了"汉人"。后来汉武帝东征西伐、开疆拓土，无论是北方的匈奴，还是南方的百越，都称这支队伍为汉人。从此以后，汉人就成为中原民族的称谓。所以，今天的人们若是追溯"汉族"这个名称的由来，那就是"汉水→汉中→汉朝→汉人→汉族"这么个顺序。

建安二十年（215），孙权派吕蒙袭取荆南四郡，刘备率军到公安拒孙权军队，后因曹操夺取汉中令益州受到很大的威胁，于是刘备与孙权和解。

建安二十四年（219），刘备率军进攻汉中，在汉中定军山一带与曹军开战，经过几番争夺，刘备完全占领汉中并自封为汉中王。

不过，成为汉中王的刘备并没有像他的先祖刘邦那样创造了大汉的辉煌。刘备虽然在占领汉中两年后（221）在成都建立了蜀汉政权，却很快在称帝两年后（223）因战事失利郁郁而终。

公元前206年，刘邦进入蜀地。尽管被加封汉中王，但刘邦心中仍有不甘。此时萧何再次劝说刘邦接受项羽的分封："臣愿大王王汉中，养其民以致贤人，收用巴、蜀，还定三秦（关中地区），天下可图也。"刘邦这才无可奈何地接受了汉中王的封号，率军退出关中，前往南郑就国。为了麻痹迷惑项羽，以表示自己没有再入关中的打算，在撤离途中，刘邦接受了张良的建议，下令烧毁了由汉中通往关中的所有栈道。

萧何明明知道项羽把巴蜀之地封给刘邦是个阴谋，为何还要刘邦接受项羽的分封呢？原来，在刘邦第一次率军攻入秦都咸阳的时候，众将都在忙于抢夺金银财宝，萧何却在秦相府、御史府等处收集秦朝政府的图籍文书。经过仔细研究，萧何已经对"天下阨塞，户口多少，强弱之处"了如指掌，同时也充分认识到巴蜀地区的重要性，项羽的"阴谋"也许正中他的下怀。

踌躇满志的项羽自以为天下已定，封诸王之后，便带着楚中的子弟兵衣锦还乡告慰祖先去了。

此时，汉中已经成了一座大兵营。刘邦自从封王巴蜀后，便开始在巴蜀地区招兵买马，扩充军队，一时之间，巴蜀民众踊跃从军。从巴蜀地区招募来的士卒翻山越岭，一批又一批赶到汉中。他们的加入大大增强了刘邦的实力。

汉中和巴蜀地区的民众给予了刘邦最大的人力和物力上的支持，使刘邦的势力迅速壮大。短短几个月时间，当刘邦再次踏上关中土地的时候，其军事实力已是今非昔比了。

公元前206年八月，经过一番密谋策划之后，刘邦率大军静悄悄地从汉中出发，突袭楚军，展开了与项羽的争霸战。出发之前，刘邦站在高处望着前面一队队整装待发的士兵，这些战士中不仅有与他一同起事的沛县子弟，现在又增添了大量的巴蜀儿郎。他们灵巧、

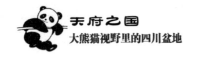
精悍，目光中露出的那种无所畏惧的神色，就连久经沙场的刘邦也不禁为之喝彩。

刘邦前往关中与项羽争夺天下，栈道是主要的通道，为了迷惑敌军，刘邦在兵发关中前，曾派出大批人马大修栈道，以吸引对方的注意力，而他的军队却在陈仓一带神不知鬼不觉地突破了楚军的封锁，挥师三秦，就此展开了与项羽的争霸大战。"明修栈道，暗度陈仓"讲的就是这个故事。虽然正史中不见详细的记载，但却在民间广泛流传。

刘邦率领大军出发了，而他的心腹萧何却留在了汉中。在这个关系到刘邦及整个汉军前途与命运的关键时刻，刘邦留下足智多谋的萧何的目的，就是让他坐镇汉中，并以丞相的身份"镇抚谕告"，负责士卒和武器的补充，更重要的使命是收取巴、蜀地区的田租粮食，支援前方作战。萧何也不辱使命，"居守汉中，足食足兵"。

在前方，刘邦接连打败不可一世的章邯军，半年多的时间就占领了关中地区以及陇西、北地、上郡一带。此后不久，关中却发生了大饥荒，米价暴涨，民众饥不择食。为了稳定后方，刘邦下诏令民"就食蜀、汉"，把大量灾民送往他的根据地巴蜀和汉中，以解燃眉之急。次年二月，刘邦又下达了这样一道命令："蜀、汉民给军事劳苦，复勿租税二岁"，免除巴蜀及汉中居民两年的租税。刘邦此时颁布这道命令的动机，既是为了鼓励军中的主力之一——巴蜀籍的将士，在即将到来的决战中为他拼命杀敌，也是为了后方巴蜀人民给予他更多物质上的强有力支持。

刘邦和项羽的争霸战争持续了几年之久，双方都伤亡惨重，要打赢这场战争，必须不断地补充新的战斗人员。而刘邦军队的兵源主要依赖汉中和巴蜀。

在古代战争中，兵不可一日无粮。所谓"兵马未动，粮草先行"。占领关中地区以后，萧何又坐镇关中，仍然承担了为前方提供兵源和粮草的重任。

巴蜀地区有足够的粮食，然而，当时是怎样把巴蜀的粮食和后勤物资运到前方的？据《汉书》记载，萧何是通过转漕关中把蜀汉的粮食输送到前方的，走的是旱路转水路。这与《华阳国志·蜀志》的记录不尽相同。著名学者任乃强先生认为"萧何供给之人力，可由栈道入秦川，以舟运补给。若粮食，则三秦所给者殊有限。其仰给于巴、蜀、汉中者，则必先舟运入楚，再由楚自南阳车挽入洛"。不论是旱路还是水路，汉军的粮食主要依赖于巴蜀地区则是不可否认的。而这场战争长达数年之久，可见巴蜀之地所承担的负荷和压力是多么的巨大。

在这场战争中，刘邦率领包括众多巴蜀将士在内的军队在前方艰苦作战，而后方的巴蜀人民则源源不断地向前方输送粮食和各种军需。在史书记载中，几乎汉军打到哪里，巴蜀的粮食和物资就输送到哪里。楚汉相争，刘邦最终战胜了项羽，登上了大汉王朝皇帝的宝座。

刘邦心里非常明白巴蜀对于刘氏王朝的重要性，因此，从他登基之日起，就把巴蜀作为皇家的自有之地，直接由中央政府掌控，不允许藩王插足。

正是由于巴蜀地区在刘邦夺取天下时所起到的巨大作用，因此在大汉朝廷历代君主的眼里，巴蜀之地关系着刘家天下的兴衰，就如《汉书》所说，汉之于巴蜀就如周朝之于岐山，是大汉皇室的根

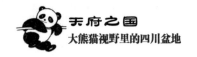
基所在。所以当巴蜀境内一旦有异常情况发生,就会牵动朝廷的神经。

可以看出,刘邦虽然在巴蜀之地所待时间不长,却对未来的基业起到了至关重要的作用,在这里,他招募兵马及天下贤能之士,休养生息,等待时机给予项羽致命一击。

而蜀民,对刘邦也是帮助颇多,短短时间内,巴蜀之地给刘邦留下了诸多好感。而且直到现在,刘邦的皇室后裔还有很多生活在此地,他们具体是当时留在巴蜀还是后期迁移过去的,已经无法考证,但可以看出一点,巴蜀之地对于大汉王朝来讲是龙兴之地,而汉中是其核心。

刘邦被项羽封为汉中王400多年后,他的后世子孙又一次进入汉中,不过这一次的"汉中王"称号不是别人封的,而是自封的。

建安十三年(208),刘备联合孙权,令周瑜率领联军大败曹操于赤壁,南收荆州四郡,又从孙权手中借了荆州江陵(南郡),自此占据荆州五郡。

建安十六年(211),刘璋听从张松建议,派法正邀请刘备入川襄助自己对付张鲁,法正、庞统因劝刘备图取益州。刘备遂留诸葛亮、关羽等守荆州,自将数万步卒入蜀,与刘璋会于涪。其间张松、法正、庞统皆劝刘备袭杀刘璋,刘备以初到蜀地,人心尚未信服,不宜轻举妄动为由拒绝。刘璋上表推荐刘备代理大司马,兼领司隶校尉,配给刘备士兵,督白水军,令他攻击张鲁。刘备北至葭萌,驻军不前,厚树恩德以收人心。

建安十七年(212),张松因做刘备内应的事败露被杀,刘备于是与刘璋反目。刘备依庞统提出的计谋,召白水军的杨怀到来并将其斩杀,吞并其部队。派黄忠等率军南下进攻刘璋,占领涪城。

建安十八年（213），刘璋派遣刘璝、泠苞、张任、邓贤、吴懿等在涪阻击刘备，都被刘备打败，吴懿投降。刘璋又派李严、费观统率绵竹诸军阻击刘备，李严率众投降。刘备军力益强，分军平定各县。同时调诸葛亮、张飞、赵云等率军入蜀。张任、刘循退守雒城，刘备率军进攻，张任出击，被刘备军斩杀，刘循遂坚守不出，庞统率军攻打雒城时为流矢所中战死城下。

建安十九年（214），雒城被围近一年才被攻克，刘备乃与诸葛亮、张飞、赵云等共围成都。同时刘备派建宁督邮李恢说降马超。马超来到成都，刘备命他率军屯城北，一时城中震怖。刘备于是派简雍劝降刘璋，遂领益州牧，起用蜀中诸多人才。

建安二十四年（219），刘备北攻汉中，在汉中之战中斩杀曹操麾下名将夏侯渊，又迫使曹操退军，完全占据汉中，同年自封为汉中王，使蜀汉政权达到了最为鼎盛的时期。

东汉末年，群雄争霸，烽烟四起，刘备为何选择四川立足？当时曹操先发制人抢占了中原宝地，基本上统治了整个北方地区。孙权则凭借长江天险偏居江南地区并向四周发展，只有刘备选择了以四川成都为中心发展势力。那么，刘备为什么要这样选择呢？刘备之所以选择在四川建国，有两个重要原因：首先，就是实力问题，当时虽然三分天下，但是实力最强大的还是曹操，曹操几乎坐拥整个北方地区，中原地区有很深厚的经济文化底蕴。而孙权长期盘踞在江南地区，虽然在实力和地盘上略逊于曹操，但是凭借长江天险，加上士兵多善水性，因此能够立足。刘备之所以选择以四川地区为立足点，其实最关键的还是实力不足。

三国时期的蜀国可以说道路崎岖，是典型的易守难攻的地形。

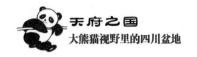
在四川立足，很大程度上可以避免敌人的大规模攻击。而作为三国时期实力最弱的刘备，无疑最适合以四川作为自己的根据地。同时四川也是有名的天府之国，这里有肥沃的土地，适合发展农耕。这样一来，蜀国就具备了易守难攻和粮草充足的军事和经济条件。

刘邦和刘备都曾占据汉中，都曾固守蜀中门户，都曾担任汉中王，据此一隅，号令天下，为何结局却大不相同？

相比而言，刘邦的汉中王是当时的天下霸主项羽封的，而刘备的汉中王却是自封的，从民心的角度而言，刘邦本该分封关中王，却屈居汉中王，民心民意都在刘邦一边；而刘备本是客居四川，是刘璋请来对付张鲁、曹操等人的，却不料刘备反客为主，从民心民意上远不及刘邦。刘邦就任汉中王，蜀中民众在惋惜的同时倾力相助，而刘备占据汉中，蜀人在归顺的同时仍有怨气。

刘邦进驻汉中之前，蜀地在很长一段时间内属于关中平原的秦国管辖，蜀中百姓心向关中，且当时的蜀地仍属荒蛮之地，远不及关中平原富庶。而刘备时期，蜀地和关中平原已分治多年，蜀地独立的经济文化版图已经形成。且当时的成都平原经过多年的开发已成为远近闻名的天府之国，其富庶程度已不亚于关中平原。蜀地本土官民北伐的意愿并不强烈。

刘邦当时"明修栈道，暗度陈仓"，挥师北上不过是恢复关中王的正常举动，且刘邦当时面对的主要对手是三个归降的秦朝旧将，政治主动权和民意支持上都占据了优势。而反观刘备，虽屡次北伐，面对的却是刚刚统一了北方、士气正盛的曹魏集团，且曹操当时"挟天子以令诸侯"，有政治上的主动权。面对这样强大的集团，刘备的北伐难度可想而知。

刘邦进入汉中时，不论是刘邦的楚地兵马，还是蜀地官兵，都对强大、富庶的关中平原充满了向往与渴望，越过秦岭，占据关中平原几乎成了所有人的目标。而秦汉以后，巴蜀成为天下最大的粮仓，且易守难攻，所以养成了蜀地人的安逸性格，很少有图谋中原的想法。刘备入蜀后，一心北伐中原，光复汉室，实际上只是刘备等人的想法，益州当地的官员对北伐并不赞同。他们在蜀地已经安逸惯了，并不想自讨苦吃。刘备死后，诸葛亮几番北伐，用的还是从荆州带过去的那些人，蜀中本地将领寥寥无几。并不是诸葛亮不会培养新人，而是蜀中无人可用，所以就造成了"蜀中无大将，廖化做先锋"的局面。诸葛亮死后，荆州过来的人基本上用完了，姜维资历本身就浅，又是降将出身，更调不动当地人，蜀汉就此完全成了一个偏安一隅的政权，对中原更是一点兴趣都没有了。刘备光复汉室的愿望自此也就完全成为一种梦想，刘邦大汉帝国的辉煌，在蜀汉这里只残留了最后一抹余光。

第四章

天府之国

　　宋代纸币交子就是在雕版印刷术已发展到双色印刷的基础上产生的，它是迄今为止所发现的世界上最早的纸币。诞生于成都。它既是宋代社会经济高度发展的产物，又是文化转型为市民化和印刷术划时代发展的产物。交子的产生是世界货币史上划时代的大事，是人类文明史由商品经济走向货币经济的标志性事件，也是天府之国富庶繁荣的象征。

无论是三国时期的刘备，还是唐朝的几任皇帝，民国的蒋介石，他们之所以把避难和东山再起的地点选择在四川，除了四川在地理上的战略地位外，还因为四川是中国少有的富庶之地。

成都是四川盆地的代表，我们以成都为例，大抵可以透视四川在古代漫长历史中的富庶和繁荣。

早在西汉时期，成都县人口已达到7.6万户，约35万人，是当时仅次于都城长安的全国第二大城市，这一排序和地位，足以看出成都当年的繁华和富庶。

东汉时期，成都人口继续增长，发展到9.4万户，约40万人，集中了当时川西平原全部人口的30%，两晋时期更占到川西人口的60%。这一比例不仅说明当时城市人口集中程度高，更体现了成都在四川盆地和全国的重要地位。

汉代，成都的冶铁、制盐、丝织、漆器，在全国都享有盛名。临邛一带在开凿盐井时，往往气（天然气）、油（石油）并出，有的就利用它来煮盐，称为"火井"，这是世界上关于天然气、石油开发的最早记载，只此一项就足以说明四川素来资源丰富。

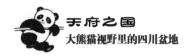
汉代齐陶、兖豫和成都是纺织业发达的地区，三者中尤以蜀地最为有名。成都是锦缎的故乡，是缎的发明地。当时的成都，不仅官府丝织业著名，民间生产的普通纺织品也行销全国。成都土桥出土的东汉画像砖上有脚踏织绵机和织布机各一部，这是当时世界上最先进的织机，比欧洲脚踏机的发明早数百年。尤其是蜀锦，当时就驰名中外。

四川锦里

到三国时期，蜀锦已成为蜀汉政权对外贸易的专利品。南朝地志《丹阳记》中曾这样说："历代尚未有锦，而成都独称妙，故三国时，魏则市于蜀，吴亦资西蜀，至是乃有之。"这段话的意思是说，江汉地区原来是没有锦的，是靠蜀锦才开辟了魏吴市场。到刘宋时，进一步在丹阳创设锦署，把蜀中工匠百人迁到丹阳，这才使江汉地区和东南丝织发展起来，这也从另一个侧面证明蜀锦在当时丝织业中的龙头地位。

成都在魏晋时代已经不折不扣地成为全国重要的丝织业中心。其重要表现是：不仅城市内家家织锦织布，蜀汉政府还专门在城西修筑锦官城，聚集工匠，进行官营织锦生产，所以后人又把成都称为锦里或锦城，同时把濯锦之江称为锦江。锦缎织好后，濯于锦江，特别鲜亮，而在别的河里就洗不出那么鲜艳的颜色，锦江也由此而得名。锦官城、锦里、锦城、锦江也成为成都和川西平原挥之不去的记忆。

蜀锦成为全国三大名锦之一，是从汉代起就奠定了基础，而直到唐代，杜甫对此犹念念不忘：

丞相祠堂何处寻，锦官城外柏森森。
映阶碧草自春色，隔叶黄鹂空好音。

从蜀汉到中唐，500多年过去了，但杜甫眼中依然闪动着锦官城的影子，蜀锦的影响力由此可见。

比杜甫更早，西汉著名的外交家张骞曾在今阿富汗境内看到过蜀布和邛竹杖，据此可以判断，这些蜀货是蜀商经印度又转销阿富

杜甫草堂

汗的。此外，西汉番禺令唐蒙曾在番禺（今广州）吃到蜀枸酱，这也是蜀商通过南方蜀道和夜郎国交换的产品。这些事例说明，当时的成都不仅是时尚产品的制造中心，还是这些紧俏商品的集散地和出发地。

到唐安史之乱前，成都平原已空前繁荣。唐天宝元年（742），成都府户口已达16万余户，其中城市户口为10万余户，计58万人，占当时成都府16县总人口的70%。

这是成都继西汉以后，城市人口发展的第二次高光时刻，这一峰值从西汉到盛唐经历了800多年。等到成都第三次恢复到这一水平时，时间已跨过了1000多年。

安史之乱后，川西平原时有战火。特别是明末清初，从崇祯七年（1634）到康熙二十年（1681）共47年间，由于战乱频仍，成都城市建设遭到毁灭性的打击，整个城池成为一片废墟，户口凋残。人口多向秦陇和荆湘外流。直到乾隆时期，成都地区经济和人口才又达到新的高峰，城市共 11.8 万户，人口 59 万人，这一人口数只比安史之乱前的唐中期（742）多 1 万人。由此可见，开元盛世时期蜀地对唐王朝皇室和王公贵族的吸引力。

在唐代，剑南西川是全国诸州中最富庶的地区，是唐朝重要的财源地，在全国经济中占有相当重要的地位。唐玄宗因安史之乱，逃入成都避难；唐僖宗也因为黄巢起义军所逼，再度入蜀。唐代帝王两度入蜀，除有效地延缓了唐王朝的寿命外，还在一定程度上刺激了成都经济和文化的发展。除了原有的蚕丝、织锦和各种手工业品得到继续发展外，印刷术也快速发展起来。根据有关文献考证，成都和扬州是全国也是当时全世界最早发明和使用雕版印刷术的地区。在中原战火纷飞之际，唐王朝主要靠剑南西川的财力作为其统治的支柱，由此可见，成都当时在唐王朝经济中的地位。

唐宋之际，成都在旧城区的基础上几次扩建，在大慈寺以东还开辟出新的东市商业区。从西南地区看，成都当时还是西南边陲和岷山的吐蕃等少数民族地区的皮毛、竹木等土特产的集散地。特别是宋代的茶马贸易，以川茶、蜀锦同西北地区交易马匹。由于当时宋王朝的生存空间受到西北地区的西夏，北部和东北地区辽、金政权（后来还有蒙古政权）的挤压，马匹生产和牧养十分困难。马匹在当时属于战略物资，所以政府对西南地区同西北地区的茶马贸易十分重视，在成都设专司管理，直到明清时期，这种内地茶盐同边陲少数民族土特产相交换的贸易依然十分盛行，这在很大程度上也促进了四川地区工商业的稳定繁荣。

茶马古道

　　进入五代时期，成都先后成为前蜀王建、王衍，后蜀孟知祥、孟昶两个地方政权的首府，后蜀主孟昶曾扩大成都罗城为羊马城，命令花工遍种芙蓉树于城垣之上，秋季盛开，花团锦簇，长达数十里，所以成都市因此也得了一个"芙蓉城"（或"蓉城"）的美名。

　　其实，不论是"芙蓉城"的美名，还是"锦城"的别称，都和成都繁荣的工商业有密切联系。随着农业和手工业的发展，成都工商业也进一步繁荣。城内有东市、南市、新南市、西市和北市，城外有草市，附近各县还有小集市。每年正月至十二月，还有各种专业性的临时市场，如正月灯市、二月花市、三月蚕市、四月锦市、五月扇市、六月香市、七月七宝市、八月桂市、九月药市、十月酒市、十一月梅市、十二月桃符市。在城内还有繁荣的夜市，这个传统从宋代一直流传到清代，直至今天。

　　这么多集市的形成，在很大程度上是由于茶马古道贸易的推动，而茶马古道又是由于四川所处的战略通道位置和富庶所推动形成的。

　　茶马古道是因茶马互市而形成的通道。它始于唐代，不仅唐代

"茶马市"的中心在四川，宋代的茶马贸易仍以四川为主，到元明时代全国茶马互市已经普遍化的情况下，管理中心仍在成都，而岷江河谷正是茶马古道的重要通道。

成都只是蜀地经济繁荣的代表。放眼整个四川盆地，从汉代开始就在全国崭露头角。

秦国在取得巴蜀以后，干了两件深得人心的大事：一方面派李冰修建都江堰，消除了成都平原的水患，使老百姓充分享受到都江堰水利工程给当地农业发展带来的利益；另一方面，为了改变巴蜀地区农业生产的落后局面，迁入大批的移民。这些移民将先进的农业生产技术引入巴蜀地区，如革新牛耕技术、推广铁农具等，这些铁农具的出现以至普及，逐渐取代了先秦时期巴蜀地区的木器、石器、青铜器等农具，为巴蜀地区农业的精耕细作和荒地的开垦起到了重要作用。

据考证，两汉三国时期，今四川德阳地区的稻谷亩产量已达到580千克左右，成都平原在当时已成为国内水稻单位面积产量最高的地区。除农业外，其他经济作物在全国也具有较高地位：云阳、奉节、乐山一带都是全国著名的产橘区。另外，四川也是当时全国重要的产茶区，茶叶当时已成为当地极为流行的饮料。除此之外，巴蜀各地区还生产荔枝、龙眼、姜、桑等农副产品。所有这些都奠定了巴蜀地区"天府之国"的地位。

两汉时期的蜀锦，不仅销往全国各地，甚至销往遥远的西域、中亚、西亚、欧洲。目前考古发现的长沙马王堆汉墓、湖北云梦汉墓等出土的丝织品，考古学者一般认为是四川的蜀锦。此外，在新疆塔克拉玛干沙漠的尼雅遗址中，也出土了很多产于四川的蜀锦。

如三号墓出土的蜀锦制作的裤子，上面有鸟兽、仙人等精美纹饰，此外还有"千秋万岁宜子孙"等文字的蜀锦，还有著名的"五星出东方利中国"以及其他一些精美的蜀锦，都显示了汉代蜀锦工艺的发达。

除了蜀锦外，四川诸多手工业中，漆器也非常发达。其精湛的工艺如描绘、雕填、戗金、平脱、扣器、镶嵌等独特技术，在中国漆艺界独树一帜，对中国和世界的漆艺都产生了巨大影响。当年的秦汉官府实行物勒工名制度，即每一个环节的工人在器物上都要留下自己的名字，以便于追查质量责任。如贵州出土的广汉郡漆器上，就清楚地标注了素工、休工、上工、画工、清工、造工等不同环节工人的名字，由此可见，当时四川的漆器已经实现了流水化的分工生产，管理制度也非常严密。

如此高质量的漆器，必然受到周边地域和周边国家的欢迎。

东吴当时是蜀汉若即若离的盟国和对手，但在东吴的朱然墓中出土了大批的蜀汉漆器，许多漆器上都有精美的绘画。

在长沙马王堆汉墓、江陵凤凰山汉墓、江西海昏侯大墓中都出土了许多造型优美、工艺精湛的四川漆器。

1916 年，日本考古学者甚至在朝鲜旧乐浪郡古墓葬内发现了大批来自四川的漆器。正是因为汉代四川漆器有精美的工艺、优良的品质，才会远销全国各地，甚至被销往遥远的朝鲜半岛。也会作为礼品或出口给东吴，或者作为贡品由皇亲国戚使用。

正是整个四川盆地经济的繁荣，才使成都不但成为整个四川的经济中心，还使它成为整个西南和长江流域的商业大都会，在全国的城市中都占有重要地位。秦时，成都就"与咸阳同制"，是秦代的一大经济中心。汉代，与长安相比，成都虽非京师，但地位十分重要。两汉之际除京师外，名闻全国的有五大都市：洛阳、邯郸、临淄、宛、成都。五都之中，成都人口最多，仅次于京城长安，是当时全国第二大城市。

三国时期，成都作为蜀汉的都城和贸易中心，城市中的商业活动更为繁荣，特别是长江沿线溯江而来的江南等地的各种物资大量输入，为四川盆地的经济贸易发展增添了更大的活力。

成都成为西南大都会，除了自身的经济昌盛，社会文化迅速发展外，很大程度上还得益于南方的丝绸之路。沿着这条国际贸易通道，四川生产的各种物资源源不断销往南亚、东南亚等地，甚至通过印度与中亚等地的交通贸易线又辗转运送销售到中亚的阿富汗、伊朗等地，再转而销售到地中海的希腊、罗马等地。同时，产于西亚、中亚，甚至欧洲的产品也沿着南方丝绸之路输入成都市场。

正是由于成都所具有的良好区位优势、繁荣的工商业和市场、密集的城市网络、四通八达水陆两运为特点的交通线路、不断繁荣的城市文化以及国际贸易市场的形式，成就了成都秦汉三国时期驰名中外的西南国际大都会的地位。

经历了秦汉三国时期几百年的繁荣后，四川进入两晋南北朝时期。西晋的灭亡使得中国经历了近 300 年的分裂局面，而李雄在成都建立的大成国，则是当时最早形成的割据政权。由于政权不断更替，巴蜀大地在这一时期呈现出动荡不安的局面。土著居民大量外迁，而众多少数民族居民则进入巴蜀地区，导致非汉族居民在总体数量上超过了汉族居民。此时的巴蜀地区，政局混乱、人口快速流动、民族结构复杂，再加上战乱，经济社会基本上处于停滞状态。

位于岷江上的都江堰

隋统一全国后，根据巴蜀地区的地理位置和实际情况，一方面加强了对巴蜀地区的控制，另一方面减轻了各种赋税。在隋末天下大乱时，唯独巴蜀地区没有发生变乱。

继隋朝以后，在唐王朝统治的 289 年中，巴蜀地区也没有出现大的战乱，成为全国最为安定的地区之一。纵观整个唐朝，政府自始至终牢牢控制着巴蜀地区。这体现出巴蜀地区作为战略大后方而受到唐朝历任皇帝的重视。尤其在都城长安局面不稳定时，巴蜀地区的重要性尤为突出。

隋唐时期，汉人的大量迁入，以及两晋南北朝时期迁入的少数民族融入汉人生活圈而逐渐汉化，这些因素为巴蜀地区的经济社会发展创造了良好的条件。大量北方的流民从水路和陆路进入巴蜀地区，从事与种植业相关的农业活动，他们主要居住在四川盆地和峡江流域等地。大量的外来移民助推了农业技术的发展，水稻的种植范围也因此扩大，由成都平原向北扩大到地处涪江平原的绵州，向南则扩大到了位于岷江冲积平原上的眉州。同时，在四川盆地中部与南部，在沱江、嘉陵江、长江等河流纵横之地形成的冲积平原也有大量的水稻种植区。而在四川东部的丘陵地区，粟、麦、芋等粮食作物在广大的地区则实现了推广种植。这一时期，四川地区农业规模的扩大与发展十分明显。

隋唐时期的四川经济繁荣在很大程度上也和兴修水利工程有关。两晋南北朝时期，尽管遭受了多次战乱的侵袭，但是都江堰水利工程并未遭到破坏。进入唐代以后，随着巴蜀地区政局的稳定，在成都平原及其毗邻的岷江冲积平原和涪江冲积平原先后修建了多个水利工程，形成了自秦汉以来巴蜀地区大规模发展水利事业的新高潮。在对都江堰水利工程进行扩建的同时在成都平原北部的涪江冲积平原上修建大量的灌溉区，并在成都平原南面的岷江冲积平原上修建各种堤堰，这些堰坝都用于灌溉眉州境内的农田。

大规模的水利工程建设，使得整个成都平原及其毗邻区域的灌溉面积得到扩大，在成都平原及其周边区域形成了一个以自流灌溉为基础的水田稻作区。伴随着水利工程的兴建，农业生产水平获得了提高。在水利设施的维护、管理方面也形成了一套较为完整的体系，称为"岁修制度"。这种以"赋税之户，轮供其役"的岁修制度，利用冬季枯水和农闲之时，分段对堰堤和灌渠进行必要的维护，清除淤积的泥沙，加固堤堰，保证成都平原的水利工程可以长期发挥作用。两千多年来，不论是战乱还是灾荒，"岁修制度"在蜀地都很好地得到了遵守，由此也可以看出蜀人对事物始终如一的忠贞和坚守，一如"成都"之名两千年未曾改变一样。

都江堰的维修，分为岁修、大修、特修、抢修几大类，其中以岁修最为重要。岁修是一种定期性的整治修理制度，因每年进行一

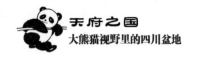
次，故名岁修。岁修先修理外江，自霜降节起，开始截闸使外江断流，在立春前完成外江修治。旋将外江开放，截闸内江施工，至清明节前一律完工。此岁修常例，历届皆奉行惟谨。明清以后，岁修成为不可更改的制度，甚至成为川西民俗之一。

一项水利工程，两千多年来其管理与修治模式没有发生根本改变，这不仅在中国历史上是唯一的，在世界水利史上也不多见。而都江堰之所以能够"独步千古，历久不衰"，使成都平原成为"水旱从人"的天府之国，与它两千多年来坚持岁修，注重生态环境保护是分不开的。

农业生产的繁荣促进了巴蜀地区生产技术的更新和手工业的发展。巴蜀地区纺织业本来就有悠久的历史，蜀锦在两汉南北朝时期成为巴蜀地区最具代表性的纺织产品。唐代，巴蜀地区继续保持着先进的织造技术水平，成为我国当时最为重要的高级丝织品生产中心之一。

南北朝时期，由于政权频繁更替，民族间的交往十分频繁，各种布品也随之增加。唐代以后，巴蜀地区出产布品的种类急剧增加，新的布品也相继出现，如弥牟布、僚布、花布、小布等，这些布品的原料多是麻、葛和橦等几大类，都是巴蜀重要的经济作物。

除布类织品外，丝、毛织品也是巴蜀地区重要的纺织类物品。巴蜀地区出产的丝织品主要有绢、绫、锦、罗、纱五大类。唐代巴蜀地区产绢的范围在南北朝的基础上继续扩大，已达 28 州，而当时全国产绢的州为 87 个，巴蜀占到了三分之一，成为全国当时绢的重要产地。蜀锦是唐代巴蜀地区最为著名的高级丝织品，因其技术精湛、成品精美，受到达官贵人的喜爱，成为上流社会的奢侈品。

唐代巴蜀地区还是中国重要的井盐生产中心。汉代巴蜀地区的井盐产地只有 12 处，到隋唐时已达 26 处。唐代初期，盐产地主要集中于盆地内，到中唐时，井盐生产快速扩张，在巴蜀中东部和南部区域都有井盐的出产。到唐代后期已有盐井 639 口，盐业产量已基本能满足地区所需。

巴蜀地区制糖业在隋唐时期也有较快的发展。成都、梓州和遂州等地都是唐代糖业生产的重点地区。随着甘蔗制糖技术的进一步提升，糖的产量也有较大幅度增长。唐大历年间，随着糖霜技术的引入，遂州开始运用此技术生产早期的冰糖，成为我国最早生产冰糖的地区之一，直至后世各朝各代，这里都是四川糖产量最大的地方。

随着农业和手工业的发展，城市和城市商业在唐代都得到快速发展。这一时期巴蜀地区的州、县两级行政体系日趋完备，以此为依托的巴蜀州、县两级城市网络也逐步成形，其中一些核心城市已逐步成为当时的商业中心，如成都、彭州、蜀州、汉州、眉州、绵州、资州等州城先后成为区域的商业中心。

经济发展推动了文化发展，对纸张的需求量因而加大，因此又促进了造纸技术的革新。隋唐时期，巴蜀地区的造纸业得到快速发展，所产的黄、白麻纸被广泛运用于官府和民间，如文牒、契券、书籍等。

笺纸也是当时十分流行的一种用纸，在唐代以前主要用于书信的书写。唐代以后因为诗文兴起，笺纸被广泛用于诗文的书写上。同时笺纸也从以前的大幅变为小幅，深受文人的喜爱。"薛涛笺"就是唐代巴蜀地区著名女诗人薛涛自创的一种用胭脂染成的彩色笺纸，在当时甚为流行。

巴蜀地区的造纸业的发达推动了印刷业的发展。

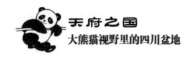
　　印刷术起源于雕版，雕版最早出现于何时？史无定论。但根据现有的文献考证，可能在初唐时就已经有了雕版印刷。到中唐时，成都和扬州已经广泛使用雕版雕印佛经、佛像、历书、字书等初级读物。扬州和成都是世界上最早记载广泛使用雕版印刷术的地区，这同当时"扬一益二"的城市经济地位是一致的。

　　世界上最早发现的印刷品是 1944 年考古发现的"成都府成都县龙池坊卞家"印刷的《印本陀罗尼经咒》。在唐代，成都印刷品已有了"西川印子"的专称。到北宋，成都首次雕版印刷《开宝藏》《太平御览》《册府元龟》等丛书和类书，成都成为全国首次刊印大型类书的地方。到南宋时，眉山刻印后来居上超过了成都。二者相叠使得四川成为宋代全国雕版印刷的中心。到明代，四川的雕印产业仍很发达。而纵观全球印刷史，唐宋四川蜀刻地成都、眉山等地，乃是当时世界印刷术的起源、形成和发展的中心，为世界雕版印刷事业作出了特殊的贡献。

　　巴蜀雕版印刷业的发展又进一步催生了纸币的诞生。

　　宋代纸币交子就是在雕版印刷术已发展到双色印刷的基础上产生的，它是迄今为止所发现的世界上最早的纸币，诞生于成都。它既是宋代社会经济高度发展的产物，又是文化转型为市民化和印刷术划时代发展的产物。交子的产生是世界货币史上划时代的大事，是人类文明史由商品经济走向货币经济的标志性事件，也是天府之国富庶繁荣的象征。

　　纸币的产生，除了要有优良的纸张外，印刷术的发达也是不可或缺的因素。而唐宋时期的四川不仅造纸业十分发达，同时还是全国雕版印刷业的中心，这两个因素为交子的出现准备了极其有利的

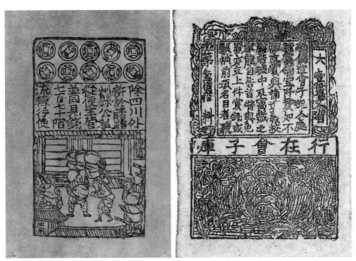

宋代交子

条件。可以说，交子作为一种纸币，集中了宋代造纸术、印刷术和版画艺术的精华。交子首先在四川出现，足以证明当时四川经济文化和生产技术的水平。交子作为北宋初年在四川发行的纸币，在中国金融史和世界金融史上也具有划时代的意义。

交子是在宋代商品经济发达与商业信用发展的背景下产生的。宋代的农业生产无论是在垦田面积的扩大、粮食作物产量的提高、经济作物品种的增加与种植区域的扩大方面，都在唐代基础上有了显著的发展。而手工业方面的成就也远远超过唐代，无论在生产规模和分工上，还是在新兴工业的种类上，宋代都堪称中国古代史上的高峰，如火药、雕版印刷、航海、铜铁冶炼、纺织、瓷器等，均在技术上实现了重大的突破。而其中最容易被人们忽略的是商业和金融领域：商业城市的兴起、地方市场的普遍出现、坊制的崩溃与街市的繁荣、纸币的发行与汇兑业的兴盛，均是宋代商业与金融业较唐代更为先进的标志。

纸币的使用是由成都民间富商首创的。

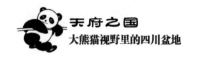
　　宋代初年，"蜀民以铁钱重，私为券，谓之交子，以便贸易，富民十六户主之"。在宋太宗淳化、至道年间（990—997）开始出现交子，到仁宗天圣元年（1023）之前，民间交子的流通已发展为16家富商联合担保发行的制度。在宋政府设立益州交子务，把交子发行权收归国家所有之前，纸币在四川民间已经流通了二三十年之久。可见交子产生的基础是民间商业信用。从具有实际价值的金属货币铜钱，到仅仅是由民间富商在印刷图案的纸上签名题号，就可将其作为与铜钱同等价值的货币流通，其前提必须是社会商业信用相当发达。

　　交子的产生并非益州商人独有的灵感。早在唐代中期，在远距离商业贸易中，即已出现"飞钱"。飞钱的主要形式是商人在京城把现钱交给各道州等设在京城的进奏院，携其开具的纸券到其他地区指定的地方取钱。这种汇兑方式一方面减少了铜钱的需求量，缓和了钱币的不足，同时商人前往各地进行贸易活动时，亦减轻了携带大量钱币的不便。"飞钱"实质上只是一种汇兑业务，它本身不介入流通，不行使货币的职能，因此也不是真正意义上的纸币。但以信用纸券代替实物货币的形式，却为交子产生奠定了基础，提供了借鉴。

　　交子产生最直接的原因，是宋代四川使用铁钱交易的不便。宋代货币铸造权统归中央，严禁民间私铸。有宋一代，全国大部分地区都使用铜钱或铜、铁钱并用，只有四川是铁钱专用区。

　　在经济发展处于全国最高水平的四川地区，使用铁钱这种低值货币，货币能保持正常流通，但铁钱币值较铜钱低，使用和携带极为不便，造成交易费用大幅度上升。宋神宗时，"自陕府搬铁钱一万贯至秦州，计用脚钱二千六百九十余万贯"。也就是说，由陕府（今西安市）到秦州（今天水市）距离约 300 千米，铁钱的运费竟占了本身价值的 1/4 还多，可见其交易成本之高。

交子的出现，不仅使铸币流通不足的问题得到部分缓解，而且使四川地区商业交易成本大幅度降低，对于促进商品经济的发展起到了巨大作用。

唐代"飞钱"的出现和宋代"交子"的产生，极容易让人联想起后世的山西票号。

山西票号的性质和"飞钱"有些类似，主要承担汇兑和存放款业务，但比之于"飞钱"，山西票号是由民间商人主导，其票号业务量之大、制度之严密、覆盖范围之广、影响之大远非"飞钱"可比。

票号之所以在晋商中产生，是因为明、清两代，特别是清代中晚期，晋商是全国规模最大、商业范围最广、种类最全、时间持续最久、组织最为严密、诚信度最高的商业组织。同样，交子在成都首创，说明当时四川以成都为中心的商业组织、商业活动在全国都具有巨大的影响力，其繁荣之盛、诚信之高可以想见。

据《宋史·食货志》载："转运使薛田、张若谷请置益州交子务，以榷其出入，私造者禁之。仁宗从其议。"宋仁宗批准了薛田和张若谷的奏书，建立了益州交子务，并在天圣二年二月二十日起正式发行官交子。这一天是 1024 年 4 月 1 日，世界历史上第一种由官方发行的纸币诞生了，纸币的产生，至今（2024）正好 1000 年。

交子的诞生是四川盆地在经济金融领域的首创，在科技领域，巴蜀地区同样有其独特的贡献：人类最早开发的天然气井——"临邛火井"，人类最早利用机械钻凿的小口深井——"卓筒井"，人

类开凿的第一口千米深井——自贡燊海井，以及"木牛流马"都在蜀地诞生。

汉代临邛（今邛崃市）"火井"（天然气井）的开发利用，是人类能源史上的辉煌篇章，也是当时蜀郡（今成都地区）的重要经济成就之一。临邛是一个富有天然资源的地区，秦汉时期，冶铁业就已成为当地重要的经济开发领域，卓氏等中原移民都曾在这里发家致富。临邛、蒲江所在的邛崃山脉下蕴藏着丰富的天然气和盐卤资源。早在汉宣帝地节三年（前67），两地就穿凿盐井20所（《华阳国志·蜀志》）。到东汉至蜀汉间，终于出现了临邛火井煮盐的奇观。

历史学家常璩曾以生动的文字，记载了人类能源史上的这一奇特发现：临邛火井的天然气熊熊燃烧时，照亮了沉沉的夜空。人们如果想点燃火井天然气，先将燃烧的竹木投向火井，顷刻之间，火井发出雷霆般的吼声，火焰喷发而出，周遭数十里可以看到耀眼的光亮。如果用竹筒储藏天然气，点燃后携带数十里不会熄灭。

综合各种史料看，临邛火井开凿的年代应在东汉后期或蜀汉时期，《蜀王本纪》和《蜀都赋》是最早记载临邛火井的重要史料。张华在《博物志》里还进一步记录了诸葛亮和火井的故事：

> 临邛火井一所，从广五尺，深二三丈。井在县南百里。昔时人以竹木投以取火，诸葛丞相往视之，后火转盛热，盆盖井上，煮盐得盐。入以家火即灭，讫今不复燃也。

《博物记》一书作于晋武帝、晋惠帝时期（265—306），距三国时期很近，记录的可靠性、准确性相当强。火井出现在"昔时"，人们仅知道其可燃性，还不能有效地加以利用。经诸葛亮视察后（可能作了进一步的改进工作），火井气流旺盛起来，人们利用井火煮盐。得到食盐后，将燃烧物丢入火井灭火。

根据四川天然气的蕴藏规律，"昔时"距诸葛亮视察火井的时间不会间隔很久。以此判断，临邛火井出现的年代大约是距蜀汉不远的东汉晚期。

诸葛亮对巴蜀科技的贡献远不止于改造"火井"，他最著名的发明是制造了"木牛流马"。

三国时期，经常领兵作战的诸葛亮苦于北伐时运输困难，每因粮草不继半途而废。因此，他运用自己的智慧，发明了"木牛流马"，一定程度上解决了军粮运输问题。《三国志·蜀书·诸葛亮传》对此有明确记载："亮性长于巧思，损益连弩、木牛流马，皆出其意。"可见，"木牛流马"是真实的存在，但"木牛流马"究竟是什么运输工具？

结合早期相关文献资料，拨开《三国演义》赋予"木牛流马"的神秘色彩，还原其本来历史面目，其实际上就是形制稍异，适合在山间小道上用人力推挽的木制独轮车。这种木制小轮车装载粮秣不少，但速度较慢，单独运行，每天仅走数十里，编队运行每天只能走20里。一车载"一岁粮（一人一年口粮约600斤）"，日行20里，车夫不必肩挑劳累，在很大程度上提高了运输能力。

在北伐中，诸葛亮确实使用过"木牛流马"，而且发挥了重要作用。据《三国志·蜀书·后主传》记载：建兴九年（231）春，"亮复出军，围祁山，始以木牛运。……夏六月亮粮尽退军"。十二年（234）春，"亮由斜谷出，始以流马运。秋八月，亮卒于渭滨"。

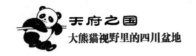
据说,陕西省汉中市勉县的黄沙镇,曾是诸葛亮制造木牛流马的地方。由此可见,木牛流马确实是诸葛亮的发明。

北宋庆历、皇祐年间(1041—1053),四川井盐生产中曾出现过一项具有重要意义的技术革新——"卓筒井"。这一新式工艺的出现,是中国钻井技术从大口浅井向小口深井过渡的标志,它不仅使四川井盐生产驶入快车道,而且创造出现代盐井、油井、气井的雏形,表明中国古代的钻井技术向前飞跃了一大步,在当时世界上处于领先地位。

卓筒井产生于盛产井盐的四川盆地中部,当时的蜀中名人苏轼等人都目睹了"卓筒井"的问世。他们或记述了创新工艺产生的年代、涉及的地区,或描述其机械原理,解析其凿井、采卤流程,或以地方官的身份向朝廷报告"卓筒井"在各州县的开凿,已对蜀中官井生产和官卖食盐制度造成严重危害。宋神宗当时还与近臣、著名科学家沈括讨论过封禁"卓筒井"的利弊。总之,"卓筒井"的问世,在当时引起朝野上下的震动和不安。

北宋朝野的不安主要是因为这种民间的创造极大地提升了产盐的速度和规模,打破了官方对产盐技术和食盐销售的垄断。"卓筒井"真正的伟大之处在于它创造的机械凿井工艺,成功开凿出小口深井,为以后的石油、天然气深井开采奠定了基础,在世界钻井技术上是一大技术发明。

元明之际,"卓筒井"工艺以突飞猛进之势在四川井盐生产中取得了主导地位,而官府垄断的大口浅井则湮没殆尽,完全失去了生命力。

清代前期,大规模移民和轻徭薄赋政策的实施使四川经济得到快速恢复和持续发展。为恢复井盐生产，清廷鼓励民间开凿盐井，以富荣盐井为代表的四川井盐生产工艺再次出现创新，在钻井工序、钻井工具、固井技术和采卤技术方面都有极大的提升和创新。

道光十五年（1835），商民在今自贡市大安区北段成功钻出人类历史上第一口深井——"燊海井"。当时"燊海井"井深突破千米，达到1001.4米。达到这个层位时，"燊海井"发生了强烈的井喷，气水并见，感知盐井钻进了黑卤及天然气富集区。此后二三十年间，富荣盐场进入火井、黑卤井大开发时期，不少盐井产量极其可观。

科技发明带来的"水火相得益彰"，造成富荣盐产甲天下的空前繁盛局面，而四川的井盐生产也一如继往地继承了唐宋年间的繁荣。

四川地形独特，西北为甘孜—阿坝高原，为"世界屋脊"青藏高原的东南一隅。发源于岷山高原的岷江的上游地区，是氐羌高原文化较早发展起来的地方，也是蜀文化的重要来源之一。西部则为横断山脉，有沙鲁里山、大雪山、邛崃山和大凉山等多座著名山脉。其中的贡嘎山高达7556米，是四川第一高峰，这在以盆地为主的成都平原看来简直是高耸入云般的存在。这里山大谷窄，峻岭深壑，悬崖峭壁，险要异常，岭谷高差往往在2千米～3千米，是全国地表起伏最大的地区之一。

四川东部和西部不同特点的地貌、气候、植被、农业差异，形成了四川盆地的物产和文化犹如汇聚百川的大海异常丰富：山林竹木、瓜果药材、北粟南稻、桑蚕锦缎应有尽有。作为东亚大陆的富饶区域之一，也促进了巴蜀民众巧思勤作、勇于开拓、包容协作的工匠精神，为中华大地奉献了许多源远流长的工艺精品。

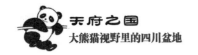
除了桑蚕丝织品外，四川的刺绣也非常有名。蜀绣是巴蜀地区流行的一种民间工艺品，也是今天的中国国家地理标志产品。蜀绣又名"川绣"，与苏绣、湘绣、粤绣齐名，是中国四大名绣之一。蜀绣以其明丽清秀的色彩和精湛细腻的针法形成自身独特的韵味，位居四大名绣之首。

成都是蜀绣的发祥地。作为一种民间手工艺术，蜀绣有着悠久的历史，在汉晋时代的史书里，"蜀绣"已经和"蜀锦"并列。蜀绣以严谨细致、平齐光亮的传统针法，淡雅清秀的色彩，优美流畅的线条和丰富多彩的题材，形成自己独特的风格。

蜀绣在成都平原有着深厚的群众基础，在成都郊县，农村妇女大多擅长刺绣，直到今日，成都附近郫县农村以刺绣为副业的妇女仍在万人以上。

大约在清道光年间，蜀绣发展到专业化生产阶段。成都市区九龙巷、科甲巷一带聚集了80～90家手工作坊，形成了专门的绣品市场，外销数量日益增多。20世纪初期，蜀绣曾掀起一阵生产高潮。当时，全省官办劝工局专门设立了刺绣科，生产官服、嫁衣、彩帐、礼品、日用花衣、镜帘、门帘等生活用品，以及条屏、斗方、中堂等艺术品。同时，民间彩灯的兴盛、处于全盛时期的各地川剧班都需要大量增加各类戏装、舞台帘幕、桌帏椅披等，推动了蜀绣的进一步发展。

除成都地区外，四川的羌绣也非常有名。由于长期生活在闭塞的自然环境中，北川羌族较多地保存了传统文化：古色古香的建筑、绚丽多彩的羌族服饰、能歌善舞的羌族男女、独具一格的羌族习俗。

北川羌绣特别精美，这与当地女性自古传习的刺绣习俗息息相关。挑花刺绣为羌族妇女所擅长，几乎每个羌族妇女都精于挑绣。羌族女子挑花刺绣不用描稿，图案全在心中，经揣摩信手可成，其工艺巧夺天工，多以花草、山水、动物为内容。

羌绣有着本民族独有的审美价值、艺术造型、纹饰图案及色彩选择，蕴涵着深厚的羌族历史文化内涵。羌绣一般采用传统的材料、工艺，又不断对绣品图案进行大胆的革新，使它既保留了民族特色，又成为时尚的装饰品。云云鞋和绣花围腰是羌绣中最具代表性的工艺品，其他还有藏式统包、挎包、帽子、镳、毽、毡子、褥子、壁挂等，也都精美绝伦，有着独具特色的艺术内涵与民族文化气息。

中国民间年画、门神俗称"喜画"，用以驱邪避凶、辞旧迎新。这一习俗起源很早，上古岁末就有悬"桃符"驱鬼镇宅的神话。五代以后，代之以纸写春联和刻印门神，出现了能镇邪纳祥的秦琼、尉迟恭和魏徵的画像。到宋代，由于书写纸产量的增加、雕版印刷术的推广，木版年画便在民间广为流行和发展起来。到明、清以后，形成了各具特色和有一定规模的中国四大年画创作中心：四川绵竹、天津杨柳青、山东潍坊、江苏桃花坞。

四川绵竹年画以产于竹纸之乡的绵竹市而得名，是流行于中国西南地区的年画精品。绵竹木版年画通过制粉笺纸、起稿、刻版、印墨、上色、印花、勾线、钤印、题款等工序完成。其绘画性强，用线造型以手工彩绘为主。内容广泛、题材丰富、构图饱满、造型夸张、线条古拙流畅、色彩艳丽明快。

绵竹年画品类繁多，归纳起来有：避邪迎祥神话、历史人物、戏曲故事、民风民俗、耕牧采樵、名人字画、十二属相、花鸟虫鱼，等等。凡可增添喜庆色彩的题材都可入画，如广为流传的《二十四

四川绵竹年画《迎春图》

孝图》《百寿图》《西游记》等，都是民众喜爱的作品。鲁迅先生就曾收藏过绵竹年画《老鼠嫁女》。

《迎春图》是绵竹年画横幅的代表作，作者系绵竹年画大师黄瑞鹄。作品描画了清代绵竹一带迎春会的盛况，共有400多个人物和丰富多彩的迎春活动，生动地再现了清代的民俗民风，具有较高的民俗研究价值和艺术价值，属于国家一级文物，被专家学者誉为"清代的《清明上河图》"。绵竹年画除运销两湖、陕、甘、青及四川各地外，还远销印度、日本、越南、缅甸等国家和我国港澳地区。

作为南方丝绸之路的出发地，四川的瓷器也曾盛极一时。

邛崃县是历史悠久的古蜀城镇，汉代以来文化教育比较发达。南河沿岸盛产瓷土、紫草，水源丰富。南朝至南宋时期数百年间，当地陶瓷业者利用这些有利条件生产出品种繁多、意趣横生的民用瓷器。

邛窑在今邛崃县城南门外南河，共计4处，都属于四川青瓷窑系。1983年经发掘，4座窑炉均为斜坡式龙窑，出土器物上万件。经考证，邛崃陶瓷创烧于隋，兴盛于唐，衰落于南宋晚期，是目前遗存最丰富、烧制时间最长、珍品最多的大型古陶瓷基地。

与北方"唐三彩"系低温釉和烧名器为主不同，邛窑属高温釉，并以烧制日用器皿为主，釉质主要有黄、绿、褐色，其釉面平整、彩绘永不脱落，故称"邛窑三彩"。

竹刻与竹簧工艺多产生于我国南方竹类盛产地带，四川是重要的产地之一。宜宾地区的竹刻、竹簧工艺负有盛名，曾多次进入宫廷，成为皇家珍品。

用竹条、篾片编成的生活用具和艺术品，称竹编。新石器时代的良渚文化遗存中，已发现有竹编器具。四川的竹丝扇和瓷胎竹编等是竹编中的精品。瓷胎竹编是成都地区的独特工艺品，起源于清代中叶，主要用做贡品。

藤编主要产地在南方各省，四川是主产地之一。崇州市怀远古镇历来被誉为"藤编之乡"。用藤编织的家具凉爽舒适、朴实美观。

草编是以各种柔韧草本植物为原料加工编制的工艺品。其原料生长地域广泛，而且易得易作，在我国历史久远，周代就有蒲草编制的莞席。秦汉时期，草编在民间十分普及，有草鞋、草席、草扇、草帘及僧侣打坐的蒲团等。四川是草编工艺品的重要产出地区，野生的黄草、苏草、席草、金丝草、蒲草、龙须草等均可做编织原料。蜀汉开国皇帝刘备早年曾以卖草鞋为生，可谓四川草编的"最佳代言人"。

由于四川东部和西部不同的地形和气候，带来这里生物圈内容的兼容性和多样性，这里是珍稀动植物的宝库。植物有 4000 多种，其中有古老珍贵的珙桐、连香树和水青树，有水杉、银杉、冷杉、云杉等高大乔木，有古老的铁树——苏铁，有各种杜鹃和花楸，不同时令开不同颜色的山花，烂漫幽香。

四川的动物资源也十分丰富，有脊椎动物 1100 多种，占全国

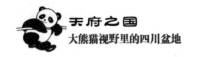

总数的 40%，列入国家保护的珍稀动物就有 55 种。举世闻名的大熊猫就主要生息在四川境内的保护区内。金丝猴是栖于树上的"金发女郎"，小熊猫则是大熊猫的亲密伙伴。

地大物博又物产丰饶催生了巴蜀饮食"三剑客"——川茶、川酒、川菜。

蜀茗、蜀酒、川菜、川蔬，是四川地域文化最突出的特色之一，是中国饮食文化的瑰宝。

四川是茶文化的故乡，是盖碗茶文化的发祥地。

茶是世界著名的三大饮料之一。世界上种茶、饮茶的发源地是中国。而在中国，比较公认的最早种茶、饮茶的地区是四川。

川茶为何能为天下先？

其一，蜀人率先种茶。茶叶是从茶树上采撷的嫩叶，而茶树原是一种野生的、多年生叶用常绿木本植物，在四川、云南、贵州等地一直生长着原始的野生大茶树，先民们曾利用野生茶树的叶子来治病、解渴，出现了神农尝百草，日遇七十二毒，得茶而解的传说。

由于野生大茶树采摘不易且茶汤味苦，不太适口。于是，先民们还逐渐对野生茶树进行改良和人工栽培，使茶叶的品质、数量都更能适应人们的需要。

根据文献记载，中国最早的种茶地区是在四川东部的巴国境内。至迟到周代，巴人已经把茶作为珍贵之物进贡给周王朝了。据《华阳国志·巴志》记载，周朝建立后，伐纣有功的巴国受到册封，在向周王朝缴纳的众多贡品中就有茶，并在巴国境内"园有香茗"。香茗即香茶，说明巴国已有较多的人工种植茶树。该书还记载了汉晋时期广汉什邡县、涪陵郡皆产茶，犍为郡南安 (今东山市)、武阳

（今彭山）"皆出名茶"。今天的人们经过考证也基本肯定了四川是中国最早种茶的省份。

其二，蜀人在中国率先使用"茶"字。茶的名称，在统一用"茶"字前后有十余种称谓，直到唐代，唐玄宗编撰的《开元文字音义》使用"茶"字，陆羽在撰写世界上第一部茶叶专著《茶经》时，更是将多种称呼统一改写成"茶"字，最终使茶的名称和书写统一起来。然而，查阅史料发现，最早出现"茶"字的文献，却是西汉宣帝时四川人王褒的《僮约》。"僮"即奴仆，"约"即契约。《僮约》中有要求奴仆"烹茶尽具""武阳买茶"之句，其中"茶"字的写法，不同于汉代常用的"荼"。在没有新的考古成果前，这是中国目前最早使用的"茶"字。可以说，四川是中国首创"茶"字和最早使用"茶"字的地方。

其三，蜀人率先饮茶和卖茶。陆羽在《茶经》中写道："茶之为饮，发乎神农氏，闻于鲁周公。"朱自振考证认为，神农这个氏族或部落最早可能生息在川东和鄂西山区，神农首先发现了茶的药用，进一步把茶当成了采食的对象。后来他们中的西南一支或后裔分散到四川更广泛的地区生活，并且在茶的食用基础上首先发明了茶的饮用。"所以，我国饮茶和把茶叶的生产发展成为一个事业，不是北方而仍然是从四川开始的。"顾炎武也在《日知录》中明确指出："自秦人取蜀而后，始有茗饮之事。"认为战国后期秦国吞并巴、蜀以后，饮茶之事才逐渐从四川传播到中原各地。也可以说，中国和世界最早的饮茶始于四川。不仅如此，四川还是中国最早买卖茶叶，拥有茶叶市场的地方。《僮约》中的"武阳买茶"便证实了这一点，这是最早关于"买茶"的记载。据考证，"武阳"在今天的四川眉

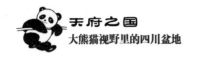

山市彭山区境内。"武阳买茶"表明彭山当时已有卖茶的集市。

由于四川首开种茶、饮茶、卖茶的先河，到了汉晋时代，四川茶叶便已享誉天下，并且形成中国茶叶消费和贸易集散中心。唐代以后，随着四川与各地经济、文化交流的增加，茶的种植、加工和饮用逐渐传播到全国各地乃至海外许多国家。可以肯定地说，四川是中国和世界茶叶或茶文化当之无愧的摇篮和发源地。

四川之所以能成为茶叶的发源地，很大程度上和四川的地形、气候有关。

四川地处盆地，四周山峰耸立，层峦叠嶂，气候温和，雨量充沛，云多雾大，其自然环境特别适宜茶树的生长，许多地方都可以出产上等的茶叶。其中历史最悠久、最负盛名的便是蒙顶茶、青城茶和"边销茶"。

"扬子江中水，蒙顶山上茶"，是古今赞美蒙顶的名句。相传，蒙顶茶是甘露寺祖师吴理真道士精心培植而成。东汉时，人们便将蒙顶茶奉为"圣扬花""吉祥蕊"，并在采制后奉献给地方官。到唐代，蒙顶茶已成为贡茶，有"人间第一茶"的美誉，岁岁皆进贡朝廷，一直沿袭到清代，这在中国茶叶史上十分罕见。

青城茶产于都江堰市境内的青城山。青城山素来号称"纵横八百里，有峰三十六"。在层峦叠嶂的山峰中，云雾缥缈不定，古木参天，曲径通幽，气候、土壤十分适宜茶树的生长。青城茶早在唐代便作为名茶进贡，与蒙顶茶并列为封建王朝举行大典和统治者享用的"贡品"。

"边销茶"，又称"边茶"，是指四川生产，专门销往少数民族地区的紧压茶，包括砖茶、方包茶。

在中国历史上，中原统治者为了和西南、西北的少数民族保持友好关系，更好地治理边关，大多采取"以茶治边"的策略，设立"茶马司"，制定"茶马法"，用茶叶换取少数民族的马匹。资料显示，元明时期四川边茶就开始大量销往藏、甘、青等地，至清代时，四川边茶从种茶、采茶、制茶到包装、运输等整个生产、贸易环节，从业人数已不下数十万，今天的松潘和康定在当时已是繁荣的边茶贸易中心。

除此之外，四川历史悠久的名茶还有很多。如峨眉山的峨眉茶，茶叶和茉莉鲜花混合加工而成的茉莉花茶、邛崃花楸茶、巴山雀舌、大邑雾山茶、叙府龙芽以及宜宾苦丁茶、工夫红茶等都是四川著名的茶叶品种。

中国有两个省份地形独特，四边几乎全被高山包围，这两个省份一个是山西，另一个便是四川。

历史上，山西以戏曲发源地闻名，戏台数量独冠全国。而四川作为茶叶的发源地，其茶馆数量在全国位列前茅。

作为饮茶历史最悠久之地，四川茶馆数量繁多，全国一绝。仅以成都为例，据《成都通览》载，清末成都的街巷约有 516 条，而茶馆就有 454 家，几乎每条街巷都有茶馆。

与全国各地的茶馆相比，四川茶馆不仅数量多，而且特色鲜明，集中体现了茶文化的精髓，其特色具体表现在三个方面：

第一，从茶具到桌椅，都川味十足。四川茶馆使用的茶具多为产生于唐代的"盖碗茶"，由茶碗、茶盖、茶船组成。与其他茶具相比，三件头的盖碗茶优势明显：茶船既可以固定茶碗，又方便端放；茶碗大小适当，可不断更换茶水，并保持温度和新鲜度；茶盖

四川茶馆

既可使茶水保温，也可用来调茶并阻挡茶叶，从而方便饮用。此外，川西的茶馆常用竹制椅子，有扶手和靠背，高矮适度；坐垫一般用竹篾条编成，柔软舒适。木制或石质茶桌较矮，多呈四方形，室外室内均可布局，下棋、打牌、"摆龙门阵"均可。川东的茶馆则多用长条凳，八仙桌的四周放四个长条凳，像坐席一样饮茶。

第二，茶馆的"茶博士"技艺高超。全国各地的茶馆都有服务员，但只有在四川，有专门的掺茶师即"茶博士"，且地位独特。当客人围坐在桌前定好茶叶品种后，掺茶师一手提水壶，一手拿一叠茶具来到桌前，只见茶师一挥手，茶船就稳稳地放在每个人面前，接着把装有茶叶的茶碗放在茶船上，左手扣住茶盖，使之竖立并紧贴碗边，右手将壶中开水冲入，水满后左手轻轻一挑，茶盖就"吧嗒"一声翻盖在茶碗上。这一连串动作如行云流水一气呵成，完成得非常迅速，使人眼花缭乱，其动作连贯美妙如耍杂技一般。"茶博士"的表演在四川茶馆不仅十分普遍而且特色明显，已成为茶馆服务项目的重要组成部分。今天人们在四川火锅店看到的"舞面"表演，很大程度上也是受到"茶博士"表演的启发。

第三，在四川的茶馆，茶客来去自由，如流水般自然，这一点最能体现中国的茶道精神。中国茶道植根于民间，讲究"廉、美、和、敬"，自由自在，只求饮茶的自然、和谐之趣。四川茶馆功能多样，既是人们饮茶品茗的处所，又是人们社交休闲、文化娱乐的场所。茶馆里不仅提供茶水，还供应各种精美茶食、茶点。有时还会邀请艺人表演川剧、杂耍或说书等。人们坐在茶馆里，在品茶的时候可以摆龙门阵、可以谈生意，也可以看书打牌、唱戏听曲儿，有说有听有看，用多种方式进行交流和沟通。

由于四川茶馆独具特色的休闲、娱乐功能，一定程度上促进了四川休闲文化和乡土文学的丰富与发展。很多文学作品中的场景描写都以茶馆为背景甚至直接以茶馆为主题。如沙汀的《在其乡居茶馆里》、陈锦的《茶铺》等都是以四川茶馆为背景，乡土气息浓郁的优秀作品。可以说，四川茶馆是蕴藏着深厚文化内涵和生命活力的宝库。

不论过去还是现在，四川的酒在全国都有独特的地位。

四川的酒史源远流长。《华阳国志·蜀志》载：九世开明帝"始立宗庙，以酒曰醴"。意思就是说，至开明九世（大约为公元前436年至公元前406年）蜀地接受中原文化，用汉语称呼酒为"醴"。华夏古称祭祀用酒为"醴"。蜀地将酒的称呼改为"醴"不仅是四川地区改从中原王朝礼乐的一种体观，同时也证明，四川地区从那时候已经有了"酒"的存在。

西汉时，蜀郡成都人司马相如与临邛富商卓王孙之女卓文君当

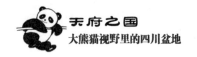
垆卖酒的故事，被传为千古佳话。

东汉时，蜀郡酿酒业发达。20世纪70年代，成都西郊曾出土了表现酿酒的画像砖。这些酿酒场面不仅生动地再现了汉代蜀酒的酿造流程，也反映出当时蜀地酿酒的规模。

西晋文学家左思在《蜀都赋》中曾描绘蜀汉时成都达官贵人饮酒享乐的场面："若其旧俗，终冬始春，吉日良辰，置酒高堂，以御嘉宾……"其中描绘的饮酒场景与东汉蜀地宴饮画像砖所绘非常吻合。

从汉魏时期起，蜀地曾流行一种"酴酒"，北魏贾思勰的《齐民要术》中有专门记载。

魏晋时，成都附近的郫县生产一种用竹筒酿制的酒，名曰"郫筒酒"。到南北朝时，贾思勰便把"蜀人作酴酒法"介绍给全国的老百姓。梁朝萧子显在他的《美女篇》中写道："朝酤成都酒，暝数河间钱。"这表明，南北朝时，"成都酒"已成诗人笔下的常用语，其知名度之高，不难想象。

唐代四川的酒业，在魏晋南北朝300多年的发展基础上再次达到新的高峰。当时的四川不仅酒肆多、酒家多，许多读书人效法司马相如，也争相开办酒肆。

"锦江近西烟水绿，新雨山头荔枝熟。万里桥边多酒家，游人爱向谁家宿。"唐代诗人张籍的《成都曲》，形象地描写了当时成都地区酒家多、酒肆多的场景，不仅证明当时酿酒卖酒的商家多，买酒饮酒的人多，也说明饮酒习俗已引起读书人的高度关注。

当时四川不仅酒家多，酒的品质也特别好，知名品牌随处可见。这些可从唐代名人名篇话名酒中逼真地体现出来：

四川酒坊

　　"蜀酒浓无敌，江鱼美可求"，这是杜甫《戏题寄上汉中王三首》中的诗句。

　　"成都春酒香，且用俸钱沽"，这是岑参《酬成少尹骆谷行见呈》中的诗句。

　　"美酒成都堪送老，当垆仍是卓文君"，这是李商隐《杜工部蜀中离席》中的诗句。

　　这么多名人争先恐后地吟诵蜀中美酒，可见蜀酒在当时的影响之大。

　　根据唐代诗文记载，当时四川的名酒已有剑南烧春、汉州鹅黄酒、郫县郫筒酒、戎州重碧酒、射洪春酒、青城乳酒等。

　　剑南，即唐代十道之一的剑南道，以位于剑阁之南而得名。唐玄宗以后治所在益州(今成都市)。辖境相当于今天的四川盆地本部及云贵高原北部、中部地区。剑南烧春的主要产地在成都地区。

　　鹅黄酒因其酒色如雏鹅毛色一样淡黄而得名，因其口味醇美，

泸州古城 席之尧 画（12岁）

一直到两宋时代还居蜀地名酿之魁首。

郫筒酒产生于魏晋时期，至唐代，郫筒酒仍是四川的名酒。唐代的戎州，就是今天的宜宾。当时戎州生产的"重碧酒"和今天宜宾生产的"五粮液"一样知名。而陈子昂的家乡梓州射洪县也出产好酒，其中的一款"竹叶青酒"很受时人喜爱。此外，青城山道士酿造的"青城乳酒"在当时也颇有名气。杜甫在《谢严中丞送青城山道士乳酒一瓶》诗中云："山瓶乳酒下青云，气味浓香幸见分。"青城乳酒"气味浓香"，是杜甫亲自品尝后得出的结论。

唐代四川名酒很多，不仅在当时位居全国之冠，而且影响到日后川酒的历史地位和声誉，这种影响一直延续到今天。

由于川酒的知名度很高，因而被李唐王朝列为贡酒。到了宋代，四川的酒业仍然很发达，继续保持着全面领先的优势。

北宋熙宁十年（1077）之前，四川的酒税收入约占全国的

13%；南宋时期，四川的酒税收入已占到全国收入的 24% ~ 49%。原先唐代四川的名酒，如郫筒酒、鹅黄酒、重碧酒等到了宋代仍然地位稳固，且酿造工艺有了进一步提升。不仅如此，和唐代相比，宋代四川产好酒的地方比唐代更广，名酒更多。新晋的名酒有：眉州的"玻璃春"、绵竹产的蜜酒以及泸州和绵州的酒。

让后人惊讶的是，宋代四川外销酒的包装上一般打有"蜀"字。宋代的高斯得在《蜀酒》中有诗云："我辞相国归，遗我酒十器。拜受起潸然，为上有蜀字。"可见那时的蜀酒制造商已经有了整体包装意识和品牌保护意识，通过一个"蜀"字，将蜀地、蜀酒、蜀人、蜀情紧紧地连接在一起。

元代以前的黄酒酿制时代，四川在全中国已声名卓著，而元以后的白酒（即蒸馏酒，又名烧酒），四川更是独领风骚。根据近年来考古工作者在泸州、宜宾、绵竹、遂宁、成都等地发掘白酒烧房遗址的情况证实，四川的白酒酿造历史可追溯到明代中期。

明末战乱，四川人口锐减，百业凋零。清初，外省移民大规模入川，带来了优良的制曲烤酒工艺，加上四川本就土地肥沃，物产丰富，又有悠久的酿酒传统，故有清一代四川酒业又得到飞速发展。

据清代周询《蜀海丛谈》载："川省田膏土沃，私家烤酒者众多。酒则各邑各乡，几于家家皆能烤酿，直是一种最普遍之农民副业。且自烤自饮，以为冠、婚、表、祭及度岁等事宴客之用者，尤复不少。"

清代四川酒业以烤酒为主，几乎到了家家皆能酿酒的程度，而商号聚集的中心则在成都、绵竹、绵阳、泸州、宜宾等地。

除茶、酒外，川菜也风靡全国。

四川菜系，也被称为四川风味菜、巴蜀风味菜，其特点是用料

广泛、烹饪方法多样、调味精妙并且善用麻辣的风味流派，是全国四大菜系之一。

据《中国烹饪概论》记载：川菜起源于古代的巴国和蜀国，经历了商周至秦的孕育萌芽时期，到汉晋时形成初期轮廓。

李冰兴修都江堰后，蜀地从此逐渐成为"天府之国"，农业生产迅速发展，极大地丰富了人们的食物来源，秦统一后大规模移民四川。到汉、晋时，四川的土著居民与移民已充分融合，适应新群体饮食需要的川菜初步形成。

汉代扬雄在《蜀都赋》中列举了70多种烹饪原料，其中就有许多蜀地特产的名品，如川南菌芝、川西井盐以及生姜、大蒜、食茱萸、花椒、蒟酱、酴酒。此时的川菜已呈现出原料多，品种丰富，崇尚美味，喜欢辛辣、刺激的特征。此后，这一基本特征逐渐成为传统，代代相袭。

唐、宋时期，由于经济的高度繁荣，川菜也得到蓬勃发展。此时，四川的工商业发达，人员流动较为频繁，烹饪的物质基础十分丰富，川菜和其他地方菜相互融合吸收，并有了进一步创新和发展。此时蜀地游娱之风大盛，游宴也随之风行。当时已有一些人走出四川开店或事厨，让川菜第一次走出四川。

宋代孟元老在《东京梦华录》中记载：在北宋开封"有川饭店，则有插肉面、大小抹肉"。这一记载表明，当时的川菜作为独立的菜系已经走出四川，走向都城。

到明清时期，川菜经过曲折发展之后最终在清末成熟、定型。

明、清交替之际，四川遭遇空前浩劫，人口锐减、经济萧条，川菜的发展也陷入低谷。清初形势稳定后，大量移民进入四川，不

川菜馆

仅带来了先进的生产技术，还带来了许多农作物新品种，四川经济在快速恢复的同时，其烹饪原料和调味品种也变得异常丰富。如辣椒、番薯、番茄、土豆、玉米等都是移民带来的新品种。保宁醋即是明末清初山西人索廷义落户四川阆中后率先酿造出来的。此外，频繁的出川入川人员流动也带来了外省菜点的制作技术和手艺精湛的厨师。

对餐饮业而言，随着满族八旗军队、外地官吏和移民的入川，许多兼具四方烹饪技术的外地厨师进入四川，开办餐馆、收授徒弟，培养了一批兼容并蓄的川菜烹饪人才，最终在清末形成一个特色突出的地方风味体系。

作为中国最著名的地方风味流派，川菜的突出特点表现在以下四个方面：

第一，用料丰富，博采众长。川菜不仅充分发现与使用本地出产的众多优质烹饪原料，而且大量引进与采用外地和外国的烹饪原料。如淡水鱼中的佳品就有江团、雅鱼、石爬鱼、鲶鱼、鲫鱼等。蔬菜中的名特品种有：葵菜、豌豆尖、韭黄、青菜头等；山珍野蔬有虫草、银耳、竹荪、苕菜、折耳根、马齿苋等。

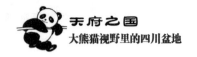
　　第二，调味精妙，善用麻辣。四川不仅有丰富、天然、独特的调味料如汉源花椒等，还加工、酿造出众多品质优良、独具特色的加工性调料，如郫县豆瓣、阆中保宁醋、内江白糖、南充冬菜等。在厨师们的精心调制下，使川菜在调味上有了精妙多变并且善用麻辣的特点。川菜中常用的复合味型达20余种，居全国之首，享有"味在四川"的美誉。

　　第三，烹法多样，别具一格。据《成都通览》记载，清代普遍使用的烹饪法已有三大类二十余种，有直接用火熟食的方法如烘、熏、烤、炙等；有利用介质传热使食物成熟的方法，如炒、爆、煎、炸等油熟法和煮、蒸、炖、焖、烧、烩等水熟法，而每一种具体烹饪方法下又派生出许多方法，如炒法下派生出的小炒，又分干烧、家常烧，它们与干煸法一起成为四川最具特色、最能表现用火技艺的烹饪方法。

　　第四，品类繁多，结构完整。至清代末年，四川菜点的数量已十分繁多，品种齐全，形成了结构完整的风味体系。这个体系基本上由筵席菜、三蒸九扣菜、大众便餐菜、家常菜、风味小吃五大类组成，各类菜均有不同的特色和品种。

　　筵席菜指中高档餐厅筵席制作和食用的菜肴，常以山珍海味、时令蔬鲜为原料，工艺精细，调味偏于清鲜淡雅。

　　三蒸九扣菜指最初在四川乡村、民间的田席上制作与食用的菜肴，因多以蒸法成菜并在上桌时将定碗中的菜反扣于碗、盘中而得名，常常是荤素并举，汤菜并重，工艺简单，朴实无华。

　　大众便餐菜指低档餐厅和饭馆制作，供零餐食用的菜肴，常以禽畜普通原料为主，烹制迅速，调味偏于麻辣，经济实惠。

家常菜指最初在家庭餐桌上制作和食用的菜肴，取材简便，操作简单。

风味小吃是指有别于正餐主食和大菜的米、面、肉类和其他小食品，通常量少、精制、价格便宜。

据《成都通览》记载，至清代末年，成都一地已有1000余种风味菜点。有许多品种流传至今已成为著名的川菜传统菜点，如甜烧白、连锅子、泡豇豆炒肉以及锅巴海参、水爆肚头、枣泥饼、甜水面等。

在众多四川名菜中，最具代表性、声誉最高、影响最大的便是回锅肉、宫保鸡丁、麻婆豆腐、水煮牛肉、开水白菜等。而在四川著名的面点小吃中，最具代表性、声誉最高、影响最大的是龙抄手、钟水饺、赖汤圆、担担面、川北凉粉等。

此外，四川著名菜肴与面点小吃还有很多。1983年出版的《川菜烹饪事典》中收录了当时常见的传统四川名菜417种，包括珍腊类59种、鱼鲜类52种、禽蛋类84种、家畜类98种、蔬菽类77种、甜菜类29种、工艺菜类18种；收录的传统四川面点小吃有160种，包括筵席细点78种、风味小吃82种。

四川厨师常常通过大量使用价格低廉的平常原料和一物多用、废物利用、综合利用等方法来制作菜点，使成菜的价格低廉，经济实惠；此外，四川厨师主要通过巧妙的设计构思与精妙的烹饪制作，使成品菜独具特色，做到了化平凡为神奇。这也是川菜闻名遐迩的重要原因。

至21世纪初，川菜已成为全国流传最广、影响最大、深受大众喜爱的著名菜系，其影响力已远超其他菜系。不仅如此，川菜还

在不断更新迭代，不断产生新的品种，如深受大众喜爱的火锅、泡椒凤爪等菜品和小吃。

四川在唐代的影响力超过各代，天府之国的物华天宝面貌已完全呈现，其丰富的物产和奇景美食不仅吸引着唐玄宗等皇室国戚，也深深地吸引了同时代的一大批文人墨客在此驻足流连。

陈子昂是梓州射洪县人，是唐代四川本土诗人。身为武周大臣，他的文章多关心民生疾苦，《登幽州台歌》正是他心声的反映。他的诗论在唐代诗坛有重要影响。

除陈子昂外，唐代的巴蜀诗人还有刘湾、苏涣、符载等人。生于外地而长于巴蜀的文人中，以李白和薛涛最为著名。

李白（701—762），5 岁随父亲入蜀，居住在绵州昌明县（今四川江油）。20 岁以后，李白游历巴山蜀水，饱览壮丽河山，因而胸襟宽广，具有豪放飘逸的浪漫主义情怀。他对巴山蜀水一直怀有深厚真挚的感情。他的许多脍炙人口的诗歌，如《蜀道难》《峨眉山月歌》《登锦城散花楼》《上皇西巡南京歌》《早发白帝城》等，都是以巴蜀为题材的名篇佳作，千古传诵。其中《上皇西巡南京歌》说的正是唐玄宗逃难四川的故事。只不过，在李白笔下，玄宗的"逃难"被委婉地改为"西巡"。

薛涛（约 768—832），女，生于长安，幼时随父入蜀，后寓居成都。隐居成都浣花溪旁，创制"薛涛笺"，终老于成都。薛涛是唐代后期著名的女诗人。当时有许多官僚文人如元稹、白居易、刘禹锡、杜牧等，均同她有诗文交往。

唐代许多著名诗人都曾客居四川，王勃、卢照邻、岑参、杜甫、白居易、刘禹锡、李商隐等，都先后来过巴蜀，并在巴蜀创作了许多脍炙人口的诗篇。

杜甫于公元 759 年，即安史之乱爆发的第 5 年，辗转流徙到达成都，筑草堂于浣花溪畔，此后又在巴蜀各地流寓，于 769 年离开巴蜀。杜甫客居巴蜀 10 年，写下了大量诗作，在成都草堂写诗 271 首，在夔州写诗 430 多首，占他毕生诗作的一半。杜甫的诗题对名胜古迹、风土人情、山川花木，以至社会各阶层人物都有咏及。他的诗作不仅具有很高的文学品位，而且具有宝贵的史料价值。作为伟大的现实主义诗人，杜甫在蜀中的诗作影响极为深广，受到后人的尊崇和怀念。北宋时，在成都浣花草堂故址修建了杜公祠，之后多有维修，如今，"杜甫草堂"已闻名全国。

王勃入蜀后，将在川陕道上所见山川峻势写成的作品，编成《入蜀纪行诗》一卷。卢照邻留居蜀中六七年，写下了不少有关川西风物的诗歌。边塞诗人高适、岑参曾在蜀中做官，岑参写有成都名胜方面的诗作。白居易、刘禹锡宦游川东，学写川东巴人的《竹枝词》。李商隐居于蜀中 5 年，亦有佳作问世。

唐代大量的文人墨客流连巴蜀，虽有时局危难避乱之意，更多的还是被天府之国物华天宝的魅力所吸引。

第五章

都江堰

作为太守，苏轼筑有"苏堤"，欧阳修有亲自命名的"醉翁亭"，而李冰则通过修建"都江堰"来表达自己"先天下之忧而忧"的爱国情怀。都江堰是当今世界年代久远、唯一留存、以无坝引水为特征的宏大水利工程。它最伟大之处是建堰 2200 多年来经久不衰，至今仍发挥着巨大作用。都江堰今日的世界地位就是李冰在历史上的地位。

九天开出一成都，万户千门入画图。

草树云山如锦绣，秦川得及此间无。

这是唐代诗人李白写于唐朝鼎盛时期的一首诗。这首诗不但描绘了成都地区的盛世景象，还再一次向世人证实了四川盆地"天府之国"固若金汤的历史地位。这也是历史上第一次将"秦"与"蜀"比较而对蜀地地位加以确立的诗句，蜀地成都平原就此取代秦地关中平原"天府之国"的桂冠而获得了"天府之国"的"专利权"。

天府之国，古代一般指形势险固、土地肥沃、物产丰富的地方。后来又引申为最适宜人类生活的地方。

历史上最早的"天府之国"并不是蜀地而是秦国。在《战国策·秦策》的记录中，纵横家苏秦曾对秦惠王说过这样一段话："大王之国，西有巴、蜀、汉中之利，北有胡貉、代马之用，南有巫山、黔中之限，东有崤、函之固。田肥美，民殷富，战车万乘，奋击百万，沃野千里，蓄积饶多，地势形变，此所谓天府，天下之雄国也。"

这是关中平原被视为"天府之国"的最早出处。

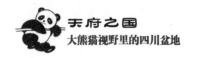
到了秦末汉初，"大汉三杰"之一的张良在论证定都关中时也曾这样对刘邦说："关中左崤函，右陇蜀，沃野千里，此所谓金城千里，天府之国也。"

从苏秦和张良的两段话可以看出，最早的"天府之国"指的并不是成都平原，而是秦国统治的区域，尤其是关中平原。

古代关中地区特别是东汉以前的关中大部分时间里风调雨顺，呈现出一派山环水绕、沃野千里的景象。秦岭山脉渭北山系与黄河形成天然屏障，泾河、渭河、灞河诸水从八百里秦川流过，形成古代"八水绕长安"的局面，这样的地理环境非常适宜农业生产和人类生活。正是这个原因使得关中平原成为历史上第一个拥有"天府之国"称谓的地理单元，西周、秦、西汉先后在这里建都。

最早将四川盆地称为"天府"的记载，见于《隆中对》："益州险塞，沃野千里，天府之土，高祖因之以成帝业。"

之后，有"蜀史"之称的常璩（qú）在他的《华阳国志》卷三《蜀志》中也这样写道："成都平原沃野千里，号称陆海，旱则引水浸润，雨则杜塞水门，故记曰水旱从人，不知饥馑，时无荒年，天下谓之天府也。"这是成都平原又一次以"天府之国"的称谓亮相。

《华阳国志》共12卷，11万字，叙录公元4世纪中叶之前古梁州地域内的历史和地理状况。古梁州之名来源于《尚书·禹贡》，其地域包括今四川、重庆、云南、贵州，以及甘肃南部、陕西南部和湖北西部，大约相当于古代巴蜀地区以及巴蜀文化所播染的地区，在常璩生活的晋代则属于益州、梁州和宁州。书中第一至第四卷分别记载了巴、汉中、蜀、南中各郡的历史与地理，各卷均分别总叙该地域的历史，而以地理为纲，分别叙述区域历史、经济和社会。

常璩是四川本地人，古代为蜀郡江原县人。其一生横跨蜀汉和晋两个时代，其生活的年代距诸葛亮生活的年代稍晚但不足百年，其对四川盆地的评价应当更为精准。

从西汉谋士张良眼里的"天府之国"关中平原到魏晋时期陈寿眼里的"天府之国"成都平原。其间相距不过 400 余年，是什么因素导致了"天府之国"之名的腾挪转换？常璩在《华阳国志》中给出的答案是：自从李冰修建了都江堰后，成都平原才出现了沃野千里的景象。《华阳国志》是这样说的：

> 冰乃壅江作堋，穿郫江、检江，别支流，双过郡下，以行舟船……又溉灌三郡，开稻田。于是蜀沃野千里……天下谓之天府也。

其实，持这种看法的不只是常璩，比他更早些时候，司马迁在《史记》中也表达了相同的看法："蜀守冰，凿离碓，辟沫水之害，穿二江成都之中，此渠皆可行舟，有余则用溉浸，百姓飨其利。"这里的沫水就是岷江的正源。

某种意义上说，没有都江堰，就没有后来的天府之国。

当初，秦国占领巴蜀时，四川盆地还不是天府之国，成都一带多水，河水经常泛滥成灾。成都平原（川西平原）本身就是河水冲积而成的。这几股水流以岷江和沱江为代表，其中对成都平原影响最大的当属岷江。岷江在灌县以上河段流经山区，流至灌县时落差陡然增大，海拔从几千米一下子降至几百米（四姑娘山最高峰海拔6250 米，成都平原海拔 500 米左右），江水从高原山区进入平原地

区流速高，且夹沙带石。到达平原后，流速减缓，泥沙淤积，堵塞河道，在成都平原上形成河网密布、川流交错的景象。这些听起来十分优越的农业水利条件却因为岷江洪水的无拘无束、汹涌无羁而几乎年年成灾。可以想象，那时候的成都平原远不是今天的面貌。

想当初，秦国在征讨巴蜀之前，朝堂上曾发生过激烈的争论，司马错主张伐蜀，张仪却认为应该先取洛阳，据九鼎，挟天子以令诸侯，而巴蜀是戎狄之国，打下来也没什么用。可见在张仪眼里，巴蜀之地在当时仍属蛮荒之地，而司马错主张先取巴蜀，也并非从经济角度考量，而是从政治上考虑，认为先取洛阳容易成为众矢之的，而先取巴蜀，可以被认为是尊王攘夷，政治上可以争取主动。

直到秦末，人们对成都平原的认识仍停留在战国时代。刘邦被项羽封为汉中王时并没有占有蜀地的欣喜，反而认为巴蜀是不毛之地而闷闷不乐，在萧何和张良的反复劝说下刘邦才极不情愿地前往巴蜀就任。

"江水初荡潏，蜀人几为鱼。向无尔石犀，安得有邑居？"这是唐人岑参《石犀》一诗中描述的景象。岑参虽然不是战国人，但唐朝当年留下的关于成都平原的记载应该远比我们这个时代多而准确。岑参的诗作有感而发。"江水初荡潏，蜀人几为鱼"，描写的就是当年水患频繁，蜀人在水患中像鱼一样挣扎的困境。

不过，这样的水患在李冰任蜀郡太守后彻底改变了。

李冰，战国时期最著名的水利工程专家。由于年代太过久远，他的生卒年月至今无法确认，考古论证比较一致的是他曾经在公元前256年至公元前251年被秦昭王任命为蜀郡（今成都一带）太守。

中国历史上，曾产生过几位有名的太守，如宋代的欧阳修和苏轼，他们除了知名度可以比肩李冰外，还有共同的职场生涯——治水或寄情山水。苏轼在杭州当太守时修建的苏堤，至今仍供游人游览。

欧阳修在任滁州太守时为其命名的醉翁亭，成为当地著名的景观。

不论是苏轼还是欧阳修，都对自己的太守生涯记忆深刻。苏轼在他的词作《江城子·密州出猎》中这样写道：

老夫聊发少年狂，左牵黄，右擎苍，锦帽貂裘，千骑卷平冈。

为报倾城随太守，亲射虎，看孙郎。

而欧阳修在他的《醉翁亭记》中也提到了他的太守生涯：

……峰回路转，有亭翼然临于泉上者，醉翁亭也。作亭者谁？山之僧智仙也。名之者谁？太守自谓也。太守与客来饮于此，饮少辄醉。而年又最高，故自号曰醉翁也。醉翁之意不在酒，在乎山水之间也……

不论是《江城子·密州出猎》还是《醉翁亭记》都堪称中国古代诗文中的名篇，而苏轼和欧阳修也通过寄情山水的方式表达了自己"先天下之忧而忧"的家国情怀。

与苏轼和欧阳修两位宋代太守不同，李冰这位秦国太守选择了通过修建水利工程表达自己的爱国情怀，而都江堰正是他一生中最经典的作品。尽管李冰的生卒年月不详，人们还是在他死后修建了

都江堰牌楼

二王庙纪念他们父子的治水之功，而都江堰也和苏堤、醉翁亭一样成为当地著名的景观。

从都江堰今日的地位，可以折射出李冰在历史上的地位。

都江堰是当今世界年代久远、唯一留存、以无坝引水为特征的宏大水利工程。它最伟大之处是建堰 2200 多年，及至今日仍发挥着巨大的作用。也因此，都江堰成为世界文化遗产和世界自然遗产的重要组成部分，同时也是世界上重要的灌溉工程遗产，它的影响是世界性的。

中国历史上从来不乏兴建水利工程的事例，但它们的辉煌大都只停留在某一历史时期，随着时间的流逝、岁月的迁移，或早已湮没无存，或化为古迹，留存在考古学家的探索中。唯有都江堰历经两千多年，不仅仍然保持着当年的风采，且日新月异，屡有创新，不仅依然作为重要的水利工程发挥着巨大作用，而且日益成为炙手可热的人文景观，吸引着一批又一批游人。面对这样的奇迹，我们不禁要问，都江堰究竟有何奥秘能在两千多年中始终如一且时进时新？

解读都江堰的奥秘，须从工程各个组成的功能开始。都江堰水利工程沿江自上而下，依次为百丈堤、都江鱼嘴、金刚堤、飞沙堰、人字堤、宝瓶口等，其中都江鱼嘴、飞沙堰、宝瓶口是整个系统工程中的重中之重。都江堰所有的奥秘和科学智慧就在其中。

岷江进入灌县，都江堰工程通过鱼嘴将江水分为内、外二江，其中外江为岷江正流，内江则为灌溉、航运之用。都江鱼嘴是用大块石头砌成的石埂，形状很像鱼嘴，因此得名。与鱼嘴相连的百丈堤、金刚堤工程主要作用则是引导水流和防护江岸。金刚堤紧接鱼嘴两侧，分为内金刚堤和外金刚堤两部分。都江鱼嘴和相接的百丈堤、金刚堤的修建，使外江成为洪水和沙石的固定排泄通道，内江则直接把人们需要的灌溉用水和航运用水引向了成都平原上的政治、经济、文化中心——成都。

内外江分治的原理来自古老的中华文化。当初，西周的叔虞因有功于周王朝而受封于唐地，受封时周成王"命以《唐诰》，而封于夏墟，启以夏政，疆以戎索"。意思就是要用夏朝的制度治理华夏旧族地区，对边境戎、狄等民族要照顾和尊重当地的风俗习惯，这样才会有利于民族的和平融合——即根据实际情况在统一治理的前提下区别施策。

自然治理和社会治理一样遵循着同样的规律，李冰深谙这一原

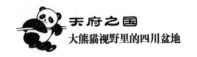
理，在统一治水的前提下，他将岷江分为内江和外江并区别施策。

由于内江是输送到平原的真正水源，所以都江堰的核心工程都作用在内江。岷江发源于高原山地，山高水急，流水落差较大，径流与沙石携带量都很大。如果都江堰工程只是引水而不排沙，时间一久必定发生淤堵，工程很难持久，而利用飞沙堰，巧妙地解决了溢洪和排沙问题。

飞沙堰的第一个作用是防洪，这也是根治成都平原水患的关键。飞沙堰溢流段长达 280 米，高约 2 米，为竹笼装石砌成的低堰，当岷江来水量达到 600 立方米 / 秒，内江分流为 340 立方米 / 秒时，江水可以全部引入宝瓶口灌溉；如内江来水量增大，超过 500 立方米 / 秒时，就会有部分内江水流从堰顶溢入外江，流量特大时，洪水会把堰冲垮，内江的水直接泻入外江，如此可以确保内江灌区的安全。

李冰发明的低堰排洪技术，类似于当代的滚水坝，水量正常时，低堰可以发挥作用，保证内江的水量；洪水暴发时，多余的江水则越过低堰进入外江。低堰实际上成为岷江进入内江水量的调节器，有了这样的调节，成都平原任何季节都不会因洪水而发生灾害。

飞沙堰不仅具有溢洪功能，还可以巧妙地解决排沙问题。一项水利工程能否长久使用，排沙减淤是关键。历史上，黄河下游决口泛滥多达 1500 余次，大的决口泛滥河道大改道达 26 次，洪水冲及范围北至海河，南达淮河，纵横 25 万平方千米，对黄淮平原的地理环境造成了极大的破坏性影响。因泥沙淤积问题不能得到彻底解决，黄河下游至今仍有许多地方成为"地上悬河"。其中最夸张的是位于黄河下游的开封市，历史上因黄河多次泛滥，导致开封城多次被洪水淹没。考古和古文献证实，今天的开封地下叠埋有六座古城遗址，这六座古城自下而上分别是：战国时魏国的大梁城、唐代的汴州城、五代及北宋时期的东京城、金朝的汴京城、明朝的开封城和清朝的开封城。由于泥沙的淤积，现在流经开封的黄河河道已经比市区高出十多米，成为名副其实，令人望而生畏的"地上悬河"。

了解了黄河泥沙淤积的危害，我们就可以明白都江堰飞沙堰排沙的重要性和巨大作用。飞沙堰的排沙功能是通过堰址的选择实现的。从水利部门勘测的设计原理我们可以知道，飞沙堰的位置选在了河道的凸岸。自然界的河道形成受地球自转偏向力的影响，一般都是弯曲的，而弯曲的河道就存在凹岸和凸岸之分。河水在流动过程中，水分子呈螺旋形运动，行至河流弯道时，在离心力的作用下，底层水流不断由凹岸流向凸岸，河流底部的泥沙也随之流向凸岸，当飞沙堰排泄多余洪水时，泥沙便随水一起甩入外江，从而起到了排沙减淤的作用。

而都江堰保障溢洪、排沙的措施并非仅靠飞沙堰，宝瓶口也发挥了巨大作用，宝瓶口是控制内江流量的咽喉，因形状像瓶口而得名。宝瓶口作为都江堰水利工程的重要组成部分，主要功能在于与飞沙堰配合，增加溢洪减淤的作用。

宝瓶口增强溢洪减淤所采取的技术体现在宝瓶口、离堆与内江水流的位置关系中。从平面上看，岷江水上游水流奔腾而下，其主流方向正对着离堆。与宝瓶口形成一定角度，发生洪水时，江水直冲离堆流泻而下，由于离堆的阻挡产生壅水效应，江水上涨，随后江水向左转，沿垂直方向流向宝瓶口，并在口门形成涡流，再次产生阻水效应，进而继续抬高水位。经过两次抬升的江水，增大了通过飞沙堰的溢洪量，因此洪水期进入内江的水量越大，通过飞沙堰

甩入外江的溢洪量也就越大，在发生特大洪水时，80％的水流可以通过飞沙堰溢入外江，起到"水旱从人"的作用。

李冰设计的都江堰系统工程，犹如一套行云流水的组合拳：分流只是工程的前提，最关键的是飞沙堰位置与离堆位置的确定，而飞沙堰与离堆位置的确定又与这两项工程的作用相辅相成，一套组合拳打完，最终达到溢洪和排沙的整体效果。在古代缺乏大型机械的情况下，李冰将过人的智慧与科学技术融为一体，缔造了堪称世界奇迹的著名水利工程，其中的低堰溢洪排沙技术在今天的河道工程中依然不乏其例。

研读李冰生平，不能不产生巨大的疑问：李冰高超的治水能力究竟来自何处？

战国时期最著名的水利工程除了都江堰外，还有漳河引水渠、郑国渠等，接近战国时代的著名水利工程还有秦统一后修建的灵渠。郑国渠修建于公元前246年，灵渠修成于公元前214年，而都江堰修建的时间应该在公元前256年到公元前251年李冰担任蜀郡太守的这一段时间，很显然，李冰的治水经验不可能来自郑国渠和灵渠。

李冰的治水经验会不会和漳河引水渠有关？

漳河引水渠又称引漳十二渠、西门渠，是中国古代劳动人民创造的一项伟大工程，地点在当时的魏国邺地（即今河北省临漳县邺镇和河南安阳市北郊一带），是战国初期以漳水（今漳河）为源的大型引水灌溉渠系。

漳河引水渠是何人所建？据《史记》记载，"西门豹即发民凿十二渠，引河水灌民田"，这表明司马迁认为引水渠为西门豹（公元前422年）所凿。而《吕氏春秋》认为，该渠为魏襄王时（约在

西门豹后 100 年）邺令史所建。经专家多方考证后认为是"西门豹
溉其前，史起溉其后"。也就是说漳河引水渠是西门豹首创，史起
不断完善的。但不论哪一种说法，有一点是可以肯定的，即：漳河
引水渠的开凿时间（公元前 422 年）大大早于都江堰（公元前 256 年）。
也就是说，漳河引水渠的治水案例有可能是李冰治水学习的经验。

漳河引水渠和都江堰的治水原理有许多相似之处，最显著的特
点就是分流引水。西门豹的建造方法是"磴流十二，同源异口"。"磴"
就是高度不同的阶梯。在漳河不同高度的河段上筑十二道拦水坝，
这就是"磴流十二"，每一道拦水坝都向外引出一道渠，即"同源异口"。
这种分流引水的原理和都江堰分流引水极其相似。

漳河水和岷江一样，泥沙含量非常高，采用低堰排沙也是两个
工程的共同之处，而引水灌溉和防洪是这两个水利工程的共同目标。
漳河引水渠共建有拦河低溢流堰十二道，各堰都在上游右岸开引水
口，设引水闸，共成十二条渠道。可以说，漳河引水渠的分流引水
和低堰排沙为后世的都江堰工程提供了极其重要的工程示范。

那么李冰和漳河引水渠有什么必然的联系吗？

漳河引水渠是战国时期魏国的杰作，魏国是战国七雄中最早进
行改革的国家，一度兵强马壮，引领各国改革的潮流。由于魏国地
处中央四战之地，周围秦国、赵国、齐国、楚国强敌环绕，忧患的
环境和勃勃雄心使魏文侯成为战国最早变法图强的君主。他用翟璜
为相，改革弊政；用乐羊为将，攻掠中山国；以李悝变法，教授法经，
依法治国，魏国呈现出一派蒸蒸日上的生机和活力，而漳河引水渠
正是地方官西门豹主导的最大的民生工程。魏国的领土曾先后包括
今天的山西南部、河南中北部、陕西东部、河北南部，它的都城最

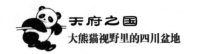

早设在安邑（今山西运城夏县），直到公元前364年因为扩张的需要，才将都城从安邑迁到大梁（今河南开封）。可以说，山西运城地区既是魏国的发家之地也是魏国的核心地区。

李冰在修完都江堰后，又在四川什邡洛水镇修建水利工程，后病逝于此，葬于洛水镇旁边的章山之上，这一点是确凿无疑的。李冰后来被蜀人尊为川主，并且在洛水旁边的高景关和洛水之间的关口两侧为李冰父子修建了大王庙、二王庙以示纪念。

和后世的蜀汉丞相诸葛亮选择落脚蜀地一样，李冰将他的长眠之地选在了他一生奋斗的都江堰旁。但关于他的身世却至今仍有争议。《史记》中记"蜀守冰"，竟然有名无姓。《汉书》中记"蜀守李冰"，算是名姓齐全。史家们关于各种典籍推算他是秦昭王时期人，约在公元前256年至251年前后担任蜀郡太守。但关于他的籍贯，学术界一直众说纷纭。目前主流的说法有两种：一是山西，一是陕西。1999年，山西运城李氏后裔李保中在自家族谱中发现有"始祖李冰赴蜀治水"的记载，多方据此确认李冰的籍贯为山西运城。尽管这一说法仍有人质疑，但对此认同者甚众。如果李冰真的是山西运城人，那么李冰的治水经验来自魏国就显得顺理成章了，运城本来就是魏国的核心地带，再加上魏国鼎盛时期曾占有今天的陕西东部一带，运城地区本就和陕西东部毗连，实际情况有可能是李冰早年时曾长期在运城连接陕西一带观摩和治水，之后才有都江堰的杰出治水之举。

李冰一生的主要功绩都和治水有关。他曾在都江堰安设石人水尺，这就是中国早期的水位观测设施。他还在今宜宾、乐山地区疏通航道，又修建汶井江（今崇州市西河）、白木江（今邛崃南河）、洛

二王庙

水（今石亭江）、绵水（今绵远河）等灌溉和航运工程，积劳成疾死在了治理石亭江的工地上。《蜀中名胜记》记载"章山后崖有大冢，碑云：秦李冰葬所"。李冰在蜀中的一生都走在治水的路上，直到生命最后一刻。而建在都江堰渠首的二王庙是老百姓对李冰父子治水伟业的纪念，其中的碑刻多是对灌区水利工程维护的技术要领。每年清明节，当地居民都会在二王庙举行祭祀活动和开水（岁修完工后放水）典礼。李冰已是都江堰灌区老百姓心中所崇拜的神灵，而都江堰的开水仪式也成为当地最富特色的非遗活动。

李冰被后人尊为"川主"，他的功绩无愧于这个称号。某种意义上可以这么说，没有李冰就没有都江堰，没有都江堰就没有后来成都平原"水旱从人"的富饶景象，没有成都平原沃野千里的局面，就不可能从关中平原手中接过"天府之国"的桂冠。

作为中国最悠久的世界顶级工程，都江堰的时间跨度可以比肩

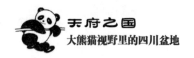

长城和运河。

长城和运河与都江堰一样，都修建于战国时期，至今已有2000多年。随着科技的进步，长城已逐渐失去了防守的功能而只具有象征意义；运河至今虽然仍有通航的功能但由于现代运输方式的崛起，运河的航运能力和功能已逐步让位于铁路和公路运输了，且由于河流淤堵，航道年久失修，许多地方已经出现断航。只有都江堰，日复一日，年复一年，仍然在坚守着最初的使命，为成都平原营造一片沃土发挥着巨大的作用。

自从李冰父子主持工程修建之后，几乎历代在成都为官的官员都对都江堰的修缮与改进做出过贡献。因为他们知道，没有都江堰就没有川西平原"天府之国"的富饶景象，没有都江堰就没有成都这座城市安如泰山的岁月静好。

"成都"一词的由来，始于公元前5世纪，据史料记载：周朝建立时，由于饱受北方蛮夷的侵扰，就把都城迁往岐地，当时有"一年成聚，二年成邑，三年成都"的说法。此时的"成都"，还只是个词，并不专指成都这个地方。

直到公元前4世纪，蜀国开明王朝将蜀国的都城迁到成都这个地方，并借用了周王迁岐的说法，将新都城取名为"成都"。在蜀语中，"成"就是"完毕""最后"的意思，所以"成都"的意思就是蜀国最后的都城。从此以后，"成都"一词作为地名，一直沿用至今。几千年来成都平原先后崛起过十几个割据政权，但成都作为四川的中心地位始终未曾改变，成都作为城市的名字始终未曾改变，在古往今来数百个大都市中，成都之名千年未变是极少的存在。

但真正使成都之名千年不变的原因其实是都江堰，正是因为都江堰千年不变始终如一对成都平原的护佑，才使得成都平原始终保持了沃野千里天府之国的地位。都江堰的超稳定存在，才保证了成都作为四川首府地位的超稳定存在。李冰"川主"之名名副其实，而都江堰正是他千年不变的宫殿。

再看看当年与都江堰齐名的另外两座著名水利工程漳河引水渠和郑国渠，随着岁月的流逝，它们已成为过眼烟云，默默无闻。

当年名噪一时的漳河引水渠在东汉时仍发挥着重要作用，东汉末年曹操以邺为根据地，按照原来的形式整修灌渠，引漳十二渠从此改名为天井堰，由于天井堰的杰出作用，邺地风调雨顺，一度作为曹魏帝国的临时都城。东魏时期，这里改建为天平渠，隋唐以后，这一带形成以漳水、洹水（今安阳河）为源的灌区，漳河已不再是唯一的水源。清代、民国时期，这里的灌区仍在修复利用，但规模和名声已很难和西门豹时期相比。1959年，漳河上修建了岳城水库，安阳市随后开挖漳南总干渠，引水库建成了大型灌区——漳南灌区，魏国时代的古灌区自此烟消云散。

郑国渠于公元前246年由韩国水工郑国在秦国主持穿凿兴建，约10年完成。它也是战国时期一项著名的水利工程，属于最早在关中建设的大型水利工程。郑国渠渠址位于今天的陕西省泾阳县西北25千米的泾河北岸，它西引泾水东注洛水，长达150余千米。泾河从陕西北部群山中冲出，流至礼泉就进入关中平原。平原东西数百里，南北数十里，其地形特点是西北略高，东南略低。郑国充分利用这一有利地形，在礼泉县东北的谷口开始修干渠，使干渠沿北面山脚向东伸展，不仅最大限度地控制灌溉面积，而且全部形成了自流灌溉系统。由于郑国渠的巨大影响力，在它建成2000多年后申遗成功，

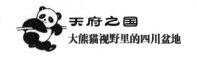
成为陕西省第一处世界灌溉工程遗产。

郑国渠建成后，大大改变了关中的农业生产面貌，干渠流经今天的泾阳、三原、富平、薄城等县，沿途截断沿山河流，将治水、清水、浊水、石川水等收入渠中，加大了干渠的水量，在关中平原北部，泾河、洛河、渭河之间构筑成密如蛛网的灌溉系统，使干旱缺雨的关中平原得到有效灌溉，变得富庶甲天下，并进一步推动关中平原成为最早的"天府之国"。

和都江堰相比，郑国渠显然稍逊风骚：都江堰属于无坝引水，而郑国渠属于有坝引水；都江堰至今仍在发挥着防洪灌溉的作用，而郑国渠发挥灌溉作用最辉煌的时期只有100多年。秦以后，虽然历代仍在这里继续完善其水利设施，但已很难再现当年的辉煌。由于泥沙淤积，干渠首部逐渐填高，水流无法正常入渠，历代以来在谷口地方不断改变河水的入渠处。历经历代兴衰更替，郑国渠的渠首处已变得面目全非。20世纪80年代，考古工作者曾对郑国渠渠首工程进行实地调查，经勘测和钻探，发现了当年拦截泾水的大坝残余。它东起距泾水东岸1800米的高坡，西迄泾水西岸100多米的山头，全长2300多米，其中河床上的350米，早被洪水冲毁，已无迹可寻，而其他残存部分历历可见。经测定，这些残部，底宽尚有100多米，顶宽1～20米，残高6米。透过这些残迹，人们仍可想象它当年的宏伟。

不论是战国时期还是现当代，都江堰的灌溉面积和造福当代的功绩都是首屈一指的。

漳河引水渠在当年（战国时期）建成时，灌区面积不到10万亩，中华人民共和国成立后建成的大型灌区——漳南灌区，其设计灌溉面积也不过 120 万亩；郑国渠当年建成后灌溉的面积比较大，按《史记》中的记载达到近 110 万亩，中华人民共和国成立后经过不断更新改造，干渠、支渠的有效灌溉面积已分别达到 134 万亩和 126 万亩。而都江堰灌区经过 2200 多年的日进日新，已进入一个新的历史阶段。在成都平原上，都江堰的灌溉面积已从历史上的最高值 300 万亩，扩大到如今的 1000 多万亩，举凡古今中外的大型水利工程，其灌溉面积都很难和都江堰相提并论。

如今的都江堰已形成一个以灌溉为主，集生产、生活供水，防洪、发电、漂水、水产、养殖、林果、环保、旅游为一体的综合服务体系。它拥有世界文化遗产、世界自然遗产、世界灌溉工程遗产、全国重点文物保护单位、国家级风景名胜区、国家 5A 级旅游景区多张耀眼的名片。

秦灭巴蜀后的 30 多年间，蜀侯和蜀相曾发动过三次叛乱。自从李冰建成都江堰后，叛乱逐渐销声匿迹，秦国在蜀地的统治逐步得到巩固。蜀人感念李冰的治水功绩，对华夏文明心向往之并逐步将自己融入华夏文明体系进而又完全融入大汉帝国。一项水利工程的创立，不仅改变了成都平原，还改变了中国的西南边陲，进一步改变了华夏文明的版图。天府之国声名远播，李冰父子居功至伟。

第六章

四川的母亲河

岷江曾被认为是长江的源头，是四川当之无愧的母亲河。四川境内的岷江、沱江、嘉陵江、金沙江等绝大部分河流都属于长江水系，只有极西北的白河和黑河注入黄河，属于黄河水系。千万别忽视四川境内的这一小片黄河水域，它使四川成为中国境内极少数同时拥有黄河水系和长江水系的省份，同时也使四川的地域特征和文化性格中掺糅了许多北方特征。

说到都江堰就不能不提及岷江。在几千年的历史长河中，岷江和都江堰交相辉映，共同打造了成都平原沃野千里的局面，共同缔造了千年"天府之国"的故事。没有岷江，都江堰将成为无源之水。要知道，历史上许多著名的水利工程正是因为水源的枯竭而逐渐荒废。正是岷江源源不断的江水让都江堰这座著名的水利工程犹如皇冠上的明珠，千百年来熠熠生辉。

都江堰之所以叫都江堰，是因为岷江有一个别名叫都江。

都江堰的建成，使成都平原河渠纵横、沃野千里，号称"陆海"。此举既有效地利用了岷江水源，又扩大了岷江的影响力。清代，都江堰灌区已发展到 14 县，灌溉面积达到 300 万亩，中华人民共和国成立后，都江堰灌区灌溉的良田面积已达到 1040 万亩。

都江堰的影响力也是岷江的影响力，都江堰灌区的影响力代表的亦是岷江的影响力。

四川境内共有河流 1400 多条，流域面积在 500 平方千米至 1000 平方千米的河流有 200 多条，在如此众多的河流中有资格成为四川母亲河的只有岷江。

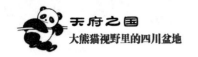
　　四川境内的绝大部分河流都属于长江水系，只有极西北的白河和黑河注入黄河，属于黄河水系，并在若尔盖红原区域形成黄河第一湾。

　　千万别忽视四川境内的这一小片黄河水域，它使四川成为中国境内极少数同时拥有黄河水系和长江水系的省份，同时也使四川地区从很早的古代时期就与华夏文化、与中原王朝发生了某种特殊的联系，同时也使四川的地域特征和文化性格中掺糅了许多北方特征。

　　长江干流总长 6300 多千米，在四川境内的总长就达 1800 千米，人们习惯上把四川境内的这段长江称为川江。

　　由于川江和巴蜀地区人们的生活密切相关，由此又产生了巴蜀地区的非物质文化遗产——川江号子。

　　巴蜀境内，山峦重叠，江河纵横，而其中和人们生活最为密切，分布最广的非川江莫属。中国古代巴蜀地区陆上交通不便，川江便成为这一地区人们出行、运输的主要交通通道，而货物流通、客运往来，皆需木船载客运货。在明、清时期，为了统一行船节奏，由艄翁击鼓为号指挥船行，大约在清朝中期，才逐渐兴起了号子，产生了专门的号子头（领唱号子的船工），由此可见号子和川江的密切关系。

　　川江号子显然起源于船工们的工作和生活，人们在与自然的抗争中产生了激动人心、统一行动的音乐和节奏。船工们根据江河的水势水性不同，明滩暗礁对行船的危险性，根据摇橹板桡的劳动节奏，编创出一些不同节奏、不同音调、不同情绪的号子。

　　川江号子既是船工们为统一动作和节奏，由号工领唱、众船工帮腔、合唱的一种一领众和式的民间歌唱形式，同时也是船工们与

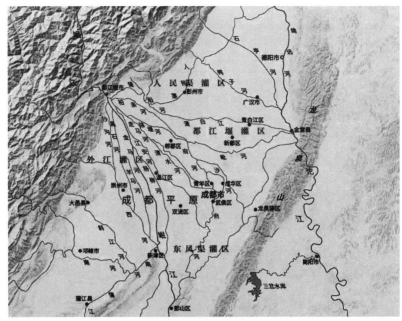

成都平原水系图

险滩恶水搏斗时用热血和汗水凝铸而成的生命之歌。

　　川江号子从本质上体现了自古以来川江各流域劳动人民面对险恶的自然环境不屈不挠的抗争精神和粗犷豪迈中不失幽默的性格特征，同时也显示出川江在四川无处不在的影响力。

　　四川境内的长江水系主要有岷江（包括大渡河、青衣江）、沱江、嘉陵江上中游（包括涪江、渠江）、金沙江（包括雅砻江）等。

　　受地形多样化的影响，川西北水网多为乔木式树枝状结构，川西南则为羽毛状水网。东部盆地的所有水系都由南北两个方向汇入长江，呈树枝状水网，流聚于盆地的最低处。

　　从巴蜀的水系分布图上我们可以看出：四川的水脉走向主要有四条，分别是：岷江水系、沱江水系、嘉陵江流域、金沙江流域。

　　岷江自古以来就为蜀人所熟知，同时又极具神秘性。它的神秘性有两点：一是它曾长期被误认为是长江的源头；二是它本身的源头长期被误认为是发源于四川松潘县岷山南麓。

　　岷江古称江源，全长约670千米。古代长期被认为是长江的源头，

大渡河

直到明代徐霞客通过实地考察，才知道从流量、径流及江程长短看，金沙江才是长江的正源。但金沙江开发很晚，蜀人认识它也很晚，因而在蜀人眼里，只有岷江才是"江源"。

长期以来，岷江传统上都以发源于四川松潘县岷山南麓的一支为岷江正源，但实际上，其西支大渡河从河源学上讲才是正源。这一观点，在2013年得到中科院的确认。

沱江的源头众多，可分为两大系，一系为自九顶山发源的三条河，即德阳河、石亭江、鸭子河，古代总称为雒（Luò）水；一系为都江堰市自岷江分出的柏条河及蒲阳河。上述五条河皆汇流于赵家渡，由此穿龙泉山为金堂峡，而出成都平原，古称湔江。赵家渡以下河水渐大，始称沱江，全长达500千米。

嘉陵江为四川境内汇入长江的第一巨川。在四川境内有嘉陵江、涪江、渠江三源。嘉陵江作为主流又有东西二源，东源为西汉水，西源为白龙江。嘉陵江自昭化以下水量渐宏，自阆中以下，与渠江会合，再西收涪江。

金沙江流域除金沙江正流外，还包括金沙江的最大支流雅砻江和雅砻江的支流安宁河。其他如松麦河、水落河、鲜水河、理塘河等重要支流也属于金沙江流域。从文化板块看，金沙江文化分布区域主要包括以西昌为中心的邛海文化区、以攀枝花为中心的笮海文化区、云南大理的洱海文化区和昭通的千顷池文化区，并影响辐射到滇池与玉溪三湖文化区。

四川的水系中，西南方向的金沙江流域除了涵盖四川境内，还包括了西藏和云南的一部分地域；东部嘉陵江流域的主体部分在今天的四川境内，但嘉陵江、涪江、渠江的汇合处及嘉陵江与长江的汇合处已位于今天的重庆境内。

若不考虑岷江支流大渡河的因素，则岷江的主体、传统上的正源和江尾都处在四川境内，且岷江流域正处在川西冲积平原地带，在人工修筑下，岷江水的一部分已经进入沱江，人工灌区延伸了岷江的影响力，将岷江和沱江紧紧地联系在一起，而沱江正是位于四川中部处于岷江和嘉陵江之间的一条重要的河流。

蜀人在很早的时候就认定岷江为长江的正源，即使现在发现大渡河是岷江的源头，也依然按照传统以东支作为正源，并以东边的弓杠岭和西边的朗架岭作为岷江的东、西源头。其背后折射的文化心理是：在蜀人心中，岷江是不折不扣的母亲河。

拥有庞大水量和水系的岷江，当然有担任四川母亲河的资格。

四川境内流域面积在500平方千米至1000平方千米范围内的河流有200多条，岷江各支流就占了其中的30条，且岷江支流中流域面积大于1000平方千米的支流就有10条；四川省的面积为486000

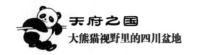

平方千米，其中岷江流域的面积就达 126280 平方千米，超过了四川面积的四分之一。若算上岷江流入沱江的这部分流域面积，则岷江的流域影响力几乎已覆盖了四川盆地的中西部。

雅砻江、岷江、嘉陵江、乌江、汉江、沅江、湘江、赣江号称长江八大支流，四川占了其中的三条。如果按径流量计算，长江最大的支流为岷江，年径流量为 900 多亿立方米。如果再加上岷江如今 1000 多万亩的良田灌溉面积，长江最大支流、最大影响力的支流非岷江莫属。

作为母亲河，岷江最大的功绩还是对四川文化的贡献。

四川盆地西面为高原和高山峡谷地区，西北为甘孜—阿坝高原，为"世界屋脊"青藏高原的东南一隅。发源于岷山高原的岷江上游地区，古代称为"江源"，是氐羌高原文化较早发展起来的地方，也是蜀文化的重要来源之一。

在四川盆地的地貌图上，以华蓥山、龙泉山为界，可以将盆地内部划为西、中、东三个部分。西为川西冲积平原，其中，岷江、沱江冲积而成的成都平原是物产丰盈、人口最密集的区域。因其处在华山之南，古称"华阳之地"。古人以山南水北为阳，故称为"华阳"，是巴蜀文明兴起的中心地域。由此也可以看出岷江作为母亲河对巴蜀文明的重要影响。

岷江水系水脉同四川的地域文化有着密切的联系。

《尚书·禹贡》说："岷山导江，东别为沱"，这是兴于西羌的大禹治理岷江留给蜀人宝贵的治水经验。它是自古以来人们整理岷江扇形水系，进行人工分流的一种特殊治水方法。"沱"者，四川话称"潭"为"洄水沱"。分洪泄洪，形成一个洄水沱，好似一个人工水库，用以储水分流，因而叫沱江。因为岷江来自西北山地，地势高于东南，因此，分出的沱江总是往东南流，故有"东别为沱"一说。古人从岷山开始，疏导岷江，就是普遍运用了"东别为沱"的历史经验。由于这层关系，沱江事实上已成为岷江的"姊妹河"。从都江堰分流出的岷江水有很大一部分分别在广汉和金堂附近注入沱江。在沱江流域内，岷江水网交错其间，流域被打乱，沱江里流淌着岷江的水。所以，沱江不像其他河那样泾渭分明，它是一条混血的江，它的血液和基因中已深深地打上了岷江的烙印。沱江平均年径流量为351亿立方米，其中岷江的补给就占了33%，可见岷江对沱江的贡献和影响力。事实上，岷江正是通过沱江，将它的影响力扩张到了四川中部。

从文化的发源看，巴蜀文化最先发展起来、时间最长的是农业文明，其主要特征是通过以"岷山导江，东别为沱"的治水方法清理岷江水系水患而发展成为江源文明。江源文明，主要发生在成都平原卑湿泽地区域，故又叫泽地文明，是中国农业古文明的一个重要特征。

岷江作为四川的母亲河，对成都的影响巨大。"成都"之名之所以千年未变，成都作为四川首府的地位之所以稳如泰山，很大程度上是因为岷江和都江堰的作用。

都江堰水利工程的主要特征是无坝自流引水灌溉，它是历代蜀人接续治水的结果。早在鳖灵时代，传说中就有蜀人凿金堂峡，开离堆的故事。大体上反映了古蜀人在很早的时候就开始对成都地区的水系进行治理。到了战国时期，蜀郡太守李冰开都江堰后，成都的经济和文化开始有了稳定的发展。

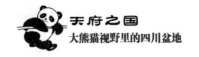

成都是因水而生、因水而兴的城市，成都文化的性质与都江堰息息相关。岷江和都江堰是成都经济和文化发展的摇篮。成都城市文化的基本性质就是以都江堰为源头的以"水利殖养其国"的农业文化和静穆的农业生活方式，辅之以"市张列肆，货贿山积"为特征的古典城市工商文化和动态的、充满生机活力的工商生活方式相互作用而形成的。

岷江之所以成为四川当之无愧的母亲河，很大程度上也和它流域面广、覆盖面大有关。

传统意义上的岷江正流流经四川阿坝藏族羌族自治州、成都市、眉山市、乐山市、宜宾市。

岷江最大的支流大渡河流经甘孜藏族自治州、雅安市、乐山市。

岷江的分洪外溢河流沱江流经德阳市、成都市、资阳市、内江市、自贡市、泸州市。

在四川的 21 个地级行政区中，岷江流域覆盖的地级行政区域达 12 个，超过了一半以上。岷江的影响力由此可见一斑。

四川的城市大都依河而建或位于大江大河交叉的十字路口，岷江流域的城市布局尤为如此。

岷江干流及最大支流大渡河贯穿阿坝藏族羌族自治州全境，境内大小河流达 530 余条，占四川省水能蕴藏量的 14%。全境位于青藏高原东南缘，四川省西北部，北和西北与甘肃、青海交界，东和东南与绵阳市、德阳市、成都市相邻，南和西南与雅安市接壤，西与甘孜州相连。

地处岷江上游的阿坝州，除了拥有丰富的水资源外，还拥有许多珍贵的动植物资源和矿产资源。

阿坝州有经济价值植物 1500 余种，其中药用植物就有 1200 余种，其中川贝母、虫草、红豆杉、黄芪、红景天、党参等地道名贵药材和羌活、秦艽、大黄等大宗药材十分丰富，素有"天然药库"之称。同时，这里还拥有珙桐、红豆杉、水杉、独叶草等国家一级保护野生植物 9 种。

由于地处高原峡谷，阿坝州的动物资源也十分丰富，共分布有脊椎动物 557 种。其中国家级保护动物有 104 种（国家一级保护动物 24 种、国家二级保护动物 80 种），占四川全省的 70.3%。其中国家一级保护动物大熊猫、扭角羚、川金丝猴、白唇鹿、四川梅花鹿、藏野驴和黑颈鹤都在阿坝州境内。岷江丰沛的水源为动物们提供了良好的生长环境。

阿坝的矿产资源不仅丰富而且独特，已发现的矿种达 54 种，且金、锂、花岗石、大理石、石灰石、泥炭、矿泉水、温泉等资源非常丰富，其中黄金储量达 116 吨，约占四川全省储量的 49%；大理石储量达 1239 万立方米，占四川全省储量的 33%；新能源急需的锂矿也储藏量丰富，且与国内紧缺的铌钽矿共生，呈现出集中、埋藏浅、易开采的特点。

阿坝全州高原和山地峡谷约各占一半，由于地形独特，阿坝州境内名胜古迹和景观众多，为全国少有，四川独有。截至 2021 年底，阿坝州有 A 级景区 53 个，其中 5A 景区 3 个，4A 景区 24 个。其中有世界自然遗产九寨沟、黄龙及卧龙、四姑娘山、四川大熊猫栖息地等世界级旅游景区；九寨沟、夹金山、雅克夏、金川 4 个国家森林公园。

截至 2020 年底，阿坝州拥有全国重点文物保护单位 16 处，国

沱江水系
内河水系
外江水系 岷江水系
河西水系

龙门山

四姑娘山

都江堰

石亭江

成都

龙泉山

龙泉驿

泉

岷江山

成都平原地形示意图

家级非遗项目19项。境内有马尔康卓克基土司官寨、松岗直波碉楼、松潘古城墙、壤塘棒托寺、措尔机寺、营盘山遗址、姜维城遗址、日斯满巴碉房、阿坝红军长征遗址等全国重点文物保护单位；九寨沟舞、羌笛演奏及制作技艺等国家级非物质文化遗产。阿坝州被世界旅游专家誉为"世界生态旅游最佳目的地"。

成都因岷江之利成为中国西南重镇。

成都早在文明启蒙时代就已经是长江上游文明的中心，城市文明发展史已长达4500年以上。三星堆和金沙遗址的发现表明距今3000年前成都都邑文化已达到古蜀文明早期发展的鼎盛阶段。公元前311年张仪规划兴筑成都城是成都建城的正式标志。从那时算起，成都已有2300多年的城市建设发展史。

成都平原是古蜀文化、古蜀城邑和古蜀国的生长点。三四千年前的成都平原水网密布，森林茂密，一片沼泽。从西北岷山流下的众多河流呈西北—东南走向，冲积着成都平原。由于都江堰扇形水系的影响，成都的西面和北面发展得最早，而成都的东面和南面发展要晚很多。直到中唐以后，韦皋在大慈寺前穿解玉溪，开辟东市，成都城才开始了它的经济和文化向东、向南开发和发展的历程。

成都是中国几千年来城址有扩展盈缩而无迁徙的城市，这一特点在中国的城市中十分少见。

大约距今 3700 年，三星堆文化兴起，发达的青铜冶铸业与玉器加工的出现，表明成都平原已进入早期城市文明社会，达到古蜀文化早期发展的鼎盛阶段，形成了古蜀王都。广汉三星堆文化之后，继之而起的是已经发展到今日成都市区建制区范围内的十二桥文化，其代表性遗存是十二桥遗址的殷末周初干栏式木结构建筑，这表明成都是古老的巴蜀巢居文化氏族的起源地。

今天的成都市区西北，有一处大型古蜀文化中心聚落遗址，叫金沙村遗址，其时间大约处于殷墟晚期至西周初期。根据众多遗存对照文献分析，该遗址很有可能是以杜宇王为共主的蜀国都城，也是成都古城的前身。后来的成都古城就是以金沙遗址为始源地逐步推移和扩展而发展起来的。

公元前 316 年，张仪灭蜀，公元前 311 年张仪筑成都城，并按照秦国都城咸阳的格局和建制规划成都城。此时的成都和中原文化已发生了深度连接。当时，城市已规划为大城和少城。少城为商业区，大城为民舍区，大城是后发展起来的区域，这乃是成都最早的城市规划和城市设计。当时，秦国设"市长"管理少城市场，这"市长"一职最早也产生于少城商业区。

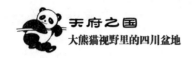

成都仿效秦国都城咸阳的格局建筑城垣，到战国晚期，成都城已经拥有规整的城垣，有规范的街道布局，有初步的城市区域功能分工，有盐铁官与市官市长管理税收和市场，这表明此时成都的城市功能和结构已达到相当高的水平，几乎与中原地区同步。

秦统一巴蜀以后，陇蜀两地长途贩运的商人多迁于蜀，张仪专门修建成都少城来安置这些商贾，此举使得人流、财流、物流很早就在少城聚集，提升了商业化水平。经过累代经营，成都遂成为专门的手工业者和商人聚集之所，发展为秦汉时代著名的商业都市，到西汉末年更成为全国除长安以外的商业五都之一，成都市民阶层从战国时期产生，到西汉末期已逐步成熟。

成都因水而兴、因水而居、因水而富。岷江、都江堰、锦江及沙河是成都城市发展的摇篮。

都江堰是历代蜀人勤劳治水的结果，而岷江则给都江堰提供了源源不断的水源。自从李冰开都江堰和穿成都二江之后，成都城市的经济和文化开始慢慢发展起来。

锦江在秦汉时代称为成都二江，包括郫江（内江）和检江（外江）。自汉以后，二江开始有了一个诗意化的名字，叫锦江。锦江是岷江中游的干流和重要水系，是都江堰灌溉系统不可分割的组成部分，是都江堰渠首工程的延伸。锦江对于推动成都城市文化的起源、形成和发展，发挥着不可忽视的巨大作用：锦江既是成都平原蜀人古江源文化的诞生地，又是成都对外联络的通道。锦江不仅赋予成都水绿天青的自然环境，还造就了成都富有文化意蕴的人文环境。"九天开出一成都，万户千门入画图"，天生丽质自然美的同时也培养出成都人的游赏习俗和休闲习惯。

三苏祠

成都市东边的沙河，古称"凤凰水"，对成都城市发展也有重要影响。李冰治水以后，沙河即成为二江的重要辅助水道。同时，它在军事上也有重要的北向防御地位。沙河自古即是城市的泄洪道，是蜀人独有的"岷山导江，东别为沱"的治水方法的产物。

成都在两汉时期已经全国闻名：西汉时，成都县人口已达 7.6 万户，约 35 万人，是仅次于长安的全国第二大城市；东汉时，成都县发展到 9.4 万户，约 40 万人，集中了当时川西平原全部人口的 30%。随着人口的增多，城郭也进一步扩大。在秦朝发展的基础上，汉武帝对成都进一步扩修。此后 2000 多年，成都的城址和城市的格局基本没有变化，连"成都"一名也没有变动过，这在全国城市中是十分罕见的。成都同苏州，是中国仅有的两个原始城址没有变动的城市。

正是在两汉时期，成都逐步成为古代西南地区最大的商品经济活动中心，其繁华程度超过了素号"天府陆海"的关中，从而使得"天府之土"的专称，移到了成都头上。直到今天，人们仍然用"天府"来形容四川。

眉山市位于四川盆地西南部，岷江中游，北接成都，南连乐山，

东邻内江、资阳、自贡，西接雅安。其中岷江从北往南流经彭山、眉山、青神三县，青衣江从雅安经过全市洪雅县流入乐山市的夹江县。眉山市总体地势西高东低，南高北低，境内山峦纵横、丘陵起伏、河网密集，中部是宽阔的岷江河谷平原。

眉山历史悠久，人文底蕴深厚，是大文豪苏东坡的故乡，素有"千载诗书城""人文第一州"的美誉。宋代曾是全国三大雕版印刷中心之一。唐宋八大家中，眉山苏洵、苏轼、苏辙父子三人独占三席。两宋时期，眉山出进士886人，史称"眉山八百进士"。

岷江流经沿岸的彭山已有2300多年的历史，有彭祖山、江口东汉崖墓群等名胜古迹，其中彭祖山被誉为中华养生文化的发祥地；眉山建县也有1500多年的历史，有三苏祠等古迹；青神县则是第一代蜀王蚕丛的出生地，这里的竹编艺术极具特色。

岷江流经的乐山市最早叫南安，后又改为嘉州。秦灭巴、蜀之后，在乐山建立南安县，这是乐山建县之始，因在蜀郡之南而得名。南安县因境内有青衣江流过，后又名青衣县、平羌县、平羌郡、青州。北周时期的579年，改青州为嘉州，这是乐山称嘉州之始。清雍正十二年（1734），升嘉定州为嘉定府，领七县，乐山为府治，乐山之名一直沿用至今。

古城嘉州历经千百年风雨沧桑，逃过一次又一次兵祸与自然灾害，至今仍有古迹可寻。城之主山高标山，巍峨耸峙，古建隐藏其中。始建于唐武德三年（620）的文庙，几遭洪水与兵祸，后于清顺治十八年（1661）第四次迁建于高标山麓。文庙大成殿、崇圣寺、尊经阁、崇文阁、名宦祠、乡贤祠、棂星门等十多幢建筑自上而下，殿阁雄峙、檐阁高啄，仍有当年的气派。除清代建筑外，此山上还

乐山大佛

有宋徽宗宣和三年（1121）建的万景楼，明武宗正德七年（1512）建的万寿观。

因位于名山大川之畔，嘉州古城寺庙的晨钟暮鼓与江水、林涛相呼应，楼亭与江色相映照，尤其是凌云山上的凌云禅院（俗称大佛寺）和乌尤山上的乌尤寺（原名正觉寺），都成为远近闻名的佛教圣地。

乐山最有名的当然是乐山大佛。

凌云寺（俗称大佛寺）始建于唐初，是由大王殿、大雄宝殿、藏经楼组成的三重四合院建筑。"山是一座佛，佛是一座山"，高71米的乐山大佛位于凌云山栖鸾峰西麓。乐山大佛本名凌云大佛，始凿于唐玄宗开元元年（713），至唐德宗贞元十九年（803）竣工，

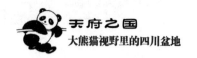

历时 90 载，比号称"世界之最"的阿富汗阿米扬大佛还高出 18 米。大佛巍峨耸立，历经千年风雨，阅尽世间沧桑。游人既可以从山腰下行至大佛莲台，亦可荡舟击浪到大佛脚下近睹大佛尊容。

嘉州古城所拥有的名山胜水，千百年来吸引着无数文人墨客、名流学者接踵而至。

唐代著名诗人王勃最早发现并吟咏了嘉州之美，671 年春，他从成都沿岷江南下游嘉州，泊舟青溪驿时写下五律《麻平晚行》；李白则于唐玄宗开元九年（721）开始漫游蜀中名山胜水，在嘉州泊舟清溪驿时写下脍炙人口的《峨眉山月歌》；比李白晚一些，765 年，杜甫从成都乘船去重庆，途经清溪驿，写下了五言诗《宿清溪驿奉怀张员外十五兄之绪》。除此之外，唐代还有岑参、司空曙、薛涛等名人或在嘉州为官，或游嘉州时都写下了许多诗篇。

到了宋代，人们仍络绎不绝地游历嘉州。苏轼于 1059 年与弟弟苏辙沿江南下时，各写有五言诗《初发嘉州》；黄庭坚于 1096 年贬谪戎州期间，一度寓留嘉州，留下许多佳话和遗迹，写有《题叮咚水》《凌云纪游》等诗篇；范成大 1178 年于四川任上，游嘉州及峨眉山，写有《万景楼》《凌云九顶》等诗篇；陆游曾理嘉州政事三年，工作之余，"大多盘桓山水之间"，写下了《凌云醉归作》《舟中对月》《嘉州春雨》《登荔枝楼》等，离开嘉州 30 多年后，他仍旧对嘉州一往情深，晚年的诗作《梦蜀》《杂感》《远游》等就是这种真挚感情的流露。

明清以来，名人游嘉州、写嘉州的仍然不计其数，明代的杨慎、清代的王夫之等在出川入川泛舟经过嘉州时，无不泊舟登岸，盘桓于山水之间，吟诗填词，甚至发出"天下之山水在蜀，蜀之山水在嘉州"的感叹！

中国古代之所以有如此多的名人雅士先后造访嘉州，除了和嘉州山水之美有关外，还和这里交通便利有关。在古代，最便利、最快捷的交通方式便是坐船航行，而乐山在这方面得天独厚。

乐山处于岷江、大渡河、青衣江交汇处，水上运输历史悠久，境内拥有三江七河，兼有灌溉之利、舟楫之便。

岷江发源于岷山南麓，流至成都都江堰鱼嘴，分为内外两大水系，于彭山的江口再度汇流，经眉山、青神，至乐山接纳青衣江、大渡河东去宜宾，汇入长江。经乐山境内河流长度达 45 千米。江口至乐山段，因内、外两江合流，水量增大，可常年航行。乐山至宜宾段，在接纳青衣江、大渡河后，江阔水深，航道条件好，即使是洪期也能顺利通航。如此好的航行条件，使得旅行出川入川者大都把目光投向乐山。

大渡河是乐山联结川西地区的重要通道，发源于青海省果洛山南麓，在乐山市中区的罗汉乡入境，于草鞋渡与青衣江汇流，于萧公嘴注入岷江。经乐山城境内流长达 21 千米。沙湾至乐山段可常年通航。

青衣江，又名雅河，发源于雅安市宝兴县北巴朗山南麓蚂蚁沟，在乐山市中区的杨湾乡入境，至鹰嘴崖注入大渡河，在萧公嘴汇入岷江。经乐山城境内流长达 26 千米。这段河道，除枯水季外均可通航。20 世纪 70 年代前，雅安至乐山段可常年通航竹筏和小木船，是乐山通往雅安的重要航道，是藏区所需盐、茶与生活用品的主要水上运输线。

从秦汉到唐宋，四川地区的对外交通大多经乐山水运出川。明

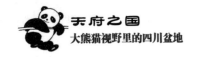

代在全川沿江设水驿，在嘉州境内不仅设有凌云水驿、平羌水驿，而且还专设"河泊所"，管理航运航道。

乐山今日的航运地位自然离不开岷江和李冰。公元前256年，李冰组织乐山人民凿乌尤离堆，开出麻浩河。从此以后，岷江、大渡河在乐山一带的水上航运就逐步发展起来。

三江交汇处的乐山曾是古蜀国开明部落的故都，李冰治水后，航运畅通，乐山逐步开始成为区域发展中心。秦国吞并巴蜀后，先后从陕西泾水地区迁来大量人口到青衣江流域定居。

三国时期，蜀国丞相诸葛亮非常看重这里的战略地位，在犍为铁山冶铁制造武器工具等，极大地提升了这一地区的冶炼规模和技术水平。

魏晋南北朝时期，乐山地区的冶铁业迅速发展。这一时期，原来居住在广西、贵州、云南一带的十多万僚人进入四川，乐山犍为铁山以及三江流域聚居了大批僚人，居住生活延续了200多年。

时至今日，乐山已成为成都经济区南部区域中心城市、重要枢纽城市、成渝城市群重要交通节点和港口城市。成昆铁路、成贵高铁贯穿全境。大渡河、青衣江在乐山大佛脚下汇入岷江，这座拥有"海棠香国"美誉的国家历史文化名城还拥有三座世界自然与文化遗产——峨眉山、乐山大佛、世界灌溉工程遗产东风堰等。

迄今，乐山拥有的国家重点文物保护单位达10个：乐山大佛、麻浩崖墓、峨眉山古建筑群、大庙飞来殿、杨公阙、犍为文庙、千佛岩石窟、郭沫若故居、乌尤离堆、三江宋塔。这些景点现已成为国内外游客流连忘返的地方。

岷江过乐山后即进入宜宾，公元前182年，西汉政权在三江口，

峨眉山古建筑群

即金沙江、岷江、长江相汇处建宜宾城。数千年来，宜宾为四川、云南、贵州政治、军事、经济、文化沟通的一个交汇点，为川南的一道重要门户，故古人称赞宜宾为"西南半壁"。

宜宾距成都300多千米，位于四川的南端、川滇黔三省结合部，襟连巴蜀，势牵滇黔，怀拥金沙江、岷江。长江的前一秒还被称为金沙江，从宜宾的合江门开始，金沙江变成了长江，从此滚滚东流，奔腾万里，直泻东海，所以宜宾也被世人誉为"万里长江第一城"。

宜宾历史悠久，文化底蕴深厚，步出宜宾北门，临江举目，天柱山巍然屹立，此山历来被誉为宜宾的"风水山"。宜宾确也得此山之灵气，文人辈出，自唐至清，宜宾出进士40人。最称奇的是1211年，程公许、程公悦、程公硕三兄弟在同一天同榜荣登进士。

由于诸葛亮南征叛郡，七擒孟获时曾在宜宾驻足，这里的"三国文化"十分浓厚。诸葛亮屯兵的"洗马池""点将台""笔点丹池"夜观星斗以布军阵的"观斗山"，这些诸葛亮征南留下的遗踪，千百年来已成为宜宾人津津乐道的游憩之所。

除诸葛亮外，还有一位官员也在宜宾留下了较深的印迹，这个人就是唐德宗时期的剑南西川节度使韦皋。韦皋于785年接到唐德

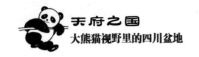
宗的任命，鉴于宜宾在西南少数民族地区的第一门户作用，他便亲自兼任宜宾都督，在宜宾驻节3年，以便直接指挥。他曾在宜宾市中心建大观楼一座，以示德政。现存建筑为清乾隆八年（1743）重建。这座建筑大方威严，重檐斗拱，雕梁画栋，迄今数百年仍傲立于宜宾市中心，现仍保留着乾隆年间建楼时叙州知府托隆的题名匾额"大观楼"三字。清嘉庆时任宜宾县官的顾汝修又为大观楼题匾曰"西南半壁"。

在宜宾，千百年来传说的，除了诸葛亮的南征和韦皋的德政外，还有郭汉杰的抵抗。

如今出宜宾东门，隔岷江而望，对面便是登高山。南宋咸淳三年（1267），元军进攻宜宾城，旧城被攻破，时任叙州郡守的郭汉杰率民移居登高山顶，并筑城抵抗。军民合作，众志成城，坚守了8年之久，至今山上还可以见到当年的城基遗址。除此外，这里还保留着"营盘山""关口上"等古战场地名。明隆庆三年（1569），山上建成东雁塔，塔顶现在已成为观三江汇流的最佳位置。

三江交汇具有重要战略地位的宜宾在南宋郭汉杰时期已呈山河破碎之势。不过，宜宾在北宋时期曾迎来了大诗人黄庭坚，他的到来曾给宜宾人带来不少的欢乐。

1098年，正值北宋哲宗时期，黄庭坚因获罪被贬为涪州别驾，安置在宜宾。闲来无事的他经常到天柱山下游玩，见这里山清水秀，便仿王羲之兰亭故事，在怪石峡中凿石造景，引来泉水，又在石上刻"曲水流觞"四个大字，经常邀约当地文化名士一同到此流杯赋诗。"流杯池"的开凿，为宜宾增添了一大文化遗迹，这也是四川目前仅存的"曲水流觞"胜景。

中国酒都四川宜宾

黄庭坚对宜宾的贡献远不止此，他不仅流连这里的山水，更多的时间是和宜宾的父老乡亲打成一片，研究地方民俗风情。苦笋好吃且富有营养，他便带头吃苦笋，并在流杯池遍植苦竹，又写了一篇《苦笋赋》盛赞苦竹。经他如此这般宣传，宜宾人开始吃起了苦笋。迄今数百年，苦笋已成为时鲜。苦笋春初上市，正值鱼肥水美时节，鳝鱼烧苦笋、苦笋肉片汤，成了宜宾人款待宾客的时令佳肴。黄庭坚在宜宾住了三年，给宜宾留下了"流杯池"和"苦笋肉片汤"后奉调回京。后人为了纪念这位诗人在宜宾的岁月，便在此修筑了"吊黄楼"。如今的"吊黄楼"乃是中华人民共和国成立后重建，巍峨挺拔，飞阁流丹，俨然如旧。

提到餐饮，宜宾最有名的还是它的酒。宜宾不仅有"万里长江第一城""中国竹都"的美称，还有"中国酒都"的美誉。自古以来，国内就有"川酒甲天下，精华在宜宾"的说法。宜宾酒文化具有几千年辉煌的历史，600多年的明代古窖，独有的五粮配方，精湛的酿酒工艺已入选国家非物质文化遗产。驰名中外的"五粮液"便是这一工艺和文化遗产的典型代表。

宜宾有 4000 多年的酿酒史、3000 年的种茶史、2200 多年的建城史，积聚了多姿多彩的长江文化、酒文化、僰苗文化、道教文化、哪吒文化、抗战文化。境内拥有蜀南竹海、金秋湖、李庄古镇、七洞沟景区、夕佳山古民居、老君山等著名景点。

岷江最大的支流大渡河发源于甘孜藏族自治州。

甘孜藏族自治州位于四川省西部，地处中国最高一级阶梯向第二级阶梯云贵高原和四川盆地的过渡地带，属横断山系北段川西高山高原区，是四川盆地西缘山地向青藏高原的过渡地带，是中国第二大藏区——康巴的主体和腹心地带。其州府所在地康定，是一座历史悠久的高原名城，那首传唱半个多世纪的《康定情歌》就出自这里。独特的地形孕育了独特的物产，康巴南区辣椒、稻城藏香猪、得荣树椒、九龙花椒、康定芫根、炉霍雪域俄色茶、泸定红樱桃、乡城藏鸡蛋等特产都出自这里。

甘孜位于四省交界处，东连四川阿坝和雅安，南与四川凉山、云南迪庆交界，西隔金沙江与西藏昌都相望，北与四川阿坝、青海玉树和果洛相邻。境内有沙鲁里山和大雪山两大山脉，沙鲁里山位于州内西部，为金沙江与雅砻江的分水岭；大雪山位于州内东部，为雅砻江和大渡河的分水岭。

金沙江、雅砻江和大渡河三条河流自西向东，南北向平行排列，支流甚多。其中大渡河长达 239.2 千米，流经色达、丹巴、康定、泸定等市县进入四川雅安。区域内有川贝、雪莲花、虫草、红景天等 40 多种名贵中药材，有大熊猫、川金丝猴、云豹、金钱豹、雪豹等国家一级保护动物 19 种。

高山大川的地貌和四省交界的地理位置使这里聚集了山南海北

稻城亚丁

的人群。甘孜境内有彝族、藏族、羌族、苗族、回族、蒙古族、土家族、傈僳族、满族、瑶族、侗族、纳西族、布依族、白族、壮族、傣族等 25 个民族。各族民众以大范围聚居、小范围杂居形式分布于全州。

千百年来，生活在这里的人们创造了灿烂多姿、底蕴深厚的康巴文化：情歌文化、格萨尔文化、香巴拉文化、红色文化、宗教文化。格萨尔王故里、情歌的故乡、康巴文化的发祥地、香格里拉的核心区、嘉绒文化的中心、茶马古道的主线、三江纵流峡谷、蜀山之王贡嘎山都聚集在这里。

甘孜曾经是附国、东女、嘉良、白狼、牦牛羌等众多部落联盟繁衍生息的地方，更是吐蕃发展经营的地方。这里不仅有浓郁的吐蕃文化、氐文化、党项文化，还有土著文化、纳西文化、蒙古文化、中原秦晋文化的遗风。境内有海螺沟、稻城亚丁两个 5A 级景区，还有康定木雅圣地、泸定县泸定桥、丹巴县甲居藏寨、康定情歌风景区四个 4A 级景区。

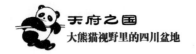

大渡河在流经甘孜后进入雅安。

雅安位于四川盆地西缘、邛崃山东麓，东靠成都市，西连甘孜藏族自治州，南接凉山彝族自治州，北接阿坝藏族自治州，跨四川盆地和青藏高原两大地形区，是两大地形区的结合过渡地带、汉文化与民族文化结合过渡地带、现代中心城市和原始自然生态区的结合过渡地带，是古南方丝绸之路的门户和必经之路，曾是西康省省会，是四川的历史文化名城，素有"雨城""川西咽喉""天府之肺""熊猫故乡"之称，境内蒙顶山是重要的茶文化发源地。

雅安的河流全部属于岷江水系，境内除朱场河、临溪河、两合水分别从北边、东北边、东边流出境汇入岷江外，以大相岭为天然分水岭，形成北部的青衣江水系和南部的大渡河水系。全市水网密集，其中流域面积超过 1000 平方千米的河流有 11 条，水电开发程度居全省第一，是国家规划的十大水电基地之一。境内有大熊猫、金丝猴等国家一级保护动物 16 种，野生药用植物 1200 余种，已知各类矿产地 620 处。

雅安是中国南路边茶茶马古道的起始地。蒙顶山茶通过茶马古道输入藏区，是历代中央政府与藏、羌等少数民族进行茶马贸易的专用商品。雅安边茶从唐代开始传入西藏，一直是藏族人民喜爱的饮品，雅安与藏区从最初的简单以物易物，后来逐渐发展成大规模的"以茶易马"和"茶土交流"，使得从四川雅安到西藏拉萨之间逐渐形成了一条非常重要的古代商道，又被称为川藏茶马古道。

对茶马古道形成起着重要推动作用的蒙顶山是世界茶文化发源地、世界茶文化圣山，位于成都西南边缘的名山县（今雅安市名山区）境内，与峨眉山、青城山齐名，并称蜀中三大历史文化名山。蒙顶

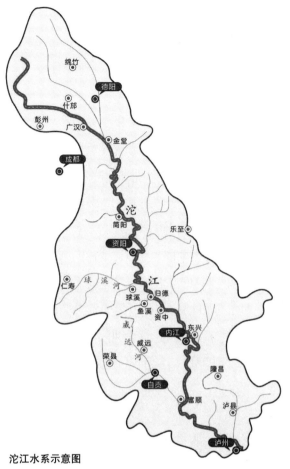

沱江水系示意图

山是集茶文化、佛教文化、道教文化、祭祀文化、红色文化为一体的著名景区。

雅安境内还有一个特别有名的地方叫安顺场。安顺场位于石棉县城西北 11 千米处，松林河与大渡河交汇处，是"翼王悲剧地，红军胜利场"。翼王石达开被清军围剿在这里，全军覆没，而英勇的红军在这里成功抢渡大渡河，从此摆脱了几十万蒋军的堵截，取得红军长征途中的一场决定性胜利。这里主要的人文景点有：红军渡，中国工农红军抢渡大渡河指挥楼，中国工农红军抢渡大渡河纪念馆、纪念碑、机枪阵地遗址、红军标语墙，安顺古街，松林地藏寨，土司炮台遗址等。

岷江的外溢分洪河流沱江发源于川西北九顶山南麓，南流到金

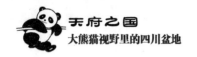

堂县赵镇接纳沱江支流——毗河、清白江、湔江及石亭江等四条上游支流后,穿龙泉山金堂峡,经简阳市、资阳市、资中县、内江市、自贡市、富顺县等至泸州市汇入长江。从源头至金堂赵镇为上游,称绵远河。从赵镇起至河口称沱江。

沱江流域内有成都、重庆、德阳、内江、自贡、资阳、绵阳、遂宁、泸州等大中城市,大、中型工厂多达千余个,是四川人口集中区域,也是工业集中之地,同时又是四川最大的棉花、甘蔗产地。

沱江不像其他河流那样泾渭分明,它是一条混血的江,岷江水网交错其间,流域被打乱,沱江里还流淌着岷江的水,岷江、沱江紧密相连,岷江通过沱江将它的文化基因和影响力从川西平原扩展至四川中部。

沱江的西边与岷江流域相接,东边与涪江流域相接,有19个市、县、区全部在流域中,另有17个市、县部分在流域内。流域内气候宜人,土地肥沃,耕地集中,人口稠密,名城接踵,重镇连绵。整个流域生活着1740万人,拥有1694万亩耕地。

在农业种植方面,稻、薯、麦、棉、麻、烟叶、甘蔗、玉米、花生种类齐全。金堂的柑橘、简阳的棉花、什邡的烤烟、资阳的花生、内江的甘蔗、安顺的红麻、乐至的蚕桑,无论品质和产量都十分引人注目。与此相对应,沱江流域也酝酿出一系列富有特色的名城——果城金堂、甜城内江、盐城自贡、酒城泸州。

沱江流域内的自贡是世界著名的盐城。

自贡井盐开采的历史已有2000余年。自贡古代盐井以燊海井最为著名,其位于自贡市大安区长堰塘附近,是世界第一口超千米的深井,于清道光十五年(1835)采用中国传统的冲击式顿钻法凿成。

自贡盐井

这种工艺早在北宋庆历、皇祐年间（1041—1053）就已出现，是中国钻井史上一项十分重要的技术发明，对促进世界钻井工艺的发展作出过重要贡献，是人类钻井史上的里程碑。2006年，这种钻井工艺被列为国家非物质文化遗产。

自贡盐都的历史如今都凝结在自贡的两座古建筑中，一是西秦会馆，二是王爷庙。盐业历史博物馆就由这两座古建筑组成。博物馆在陈列、保护以井盐为主的中国盐业史文物方面，在展示和保护古代建筑文化方面都取得了重要成就。馆藏的井（矿）盐、海盐、池盐等文物、标本和资料达上万件。

除了"盐都"的称号外，自贡还有另外一个名称享誉世界——恐龙之乡。

自贡在中生代的长期岁月里，曾是恐龙的"极乐世界"，也是埋葬恐龙的"大公墓"。在侏罗纪这个漫长的时期（时长约5500万年），自贡地区的自然环境相对稳定，湖泊广布，河流纵横，温暖

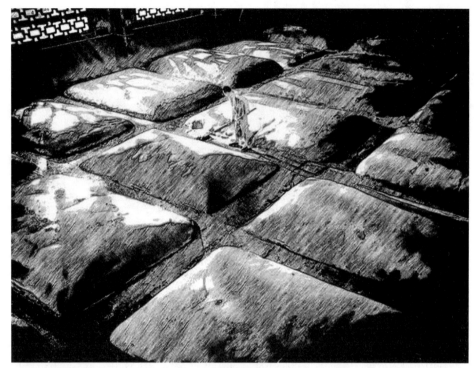

泸州老窖池

湿润的气候和充足的雨水，促使裸子植物及树蕨异常繁茂，并使恐龙进入鼎盛时期。大大小小、形态各异的庞大恐龙家族统治着这片古老的大地，这在相同地质时代的世界各地实属罕见，自贡地区是地地道道的"恐龙之乡"。自1915年在自贡荣县发现恐龙化石至今，已在自贡地区共发现恐龙化石点150多处。

自贡恐龙博物馆是目前亚洲最大、世界第三大的恐龙化石遗址博物馆，就建在化石埋藏现场。其发掘采集到的恐龙及其他动物化石数量和种类在世界恐龙发掘史上极其罕见，也是目前世界上在中侏罗纪地层中发现恐龙化石数量最多、属种最丰富、保存最完整的恐龙化石埋藏现场，是研究侏罗纪恐龙最理想的基地。

沱江流域内的泸州是国内闻名的酒城。

泸州市位于四川省东南，东与重庆和贵州接壤，南与贵州省连界，西与云南省和四川省宜宾市、自贡市相连，北接四川省内江市和重庆市。全市位于四川盆地边缘，沱江、永宁河、赤水河与长江交汇处。境内河流同属长江水系，以长江为主干，呈树枝状分布，由南向北和由北向南汇入长江。主要河流有长江干流、沱江、赤水河、古蔺河、永宁河、塘河、濑溪河、东门河等，众多水质优良的河流成就了泸州酒城的美名。

泸州有明代留下的400多年的老窖池，在全国窖龄最老，也是至今尚在使用的窖池，此外还有300多个百年以上的老窖池。早在1915年，这些窖池生产的泸州大曲酒就在国际上荣获巴拿马万国博览会金奖。泸州辖下的古蔺县二郎镇与上游相望的贵州茅台村相距只有几十千米。1907年，与近邻贵州茅台媲美的"郎酒"在此酿成，享誉至今。

由于泸州酒历史悠久，自古以来便有名士相随。苏轼有"佳酿飘香自蜀南"的诗句，明代杨慎有"衔觞最爱泸州酒""江阳酒熟花如锦"，清代张问陶有"衔杯却爱泸州好"等，这些著名的诗句，把泸州酒在不同时代的兴盛表现得淋漓尽致，也道出了泸州酒在诗人心中的地位。

1916年，朱德驻防泸州，写下了"护国军兴事变迁，烽烟交擎振阆阆。酒城幸保身无恙，检点机韬又一年"的诗句，为泸州定下了"酒城"的美称。

除了泸州老窖、郎酒外，绵竹剑南春如今也名扬四方。剑南春酒厂挖掘出唐代宫廷贡酒的秘方，恢复了唐酒的老传统，使剑南春

内江糖厂

酒也走进了国内名酒的行列。

烟和酒，在沱江流域十分著名。沱江上游自古就营种烟叶，什邡、广汉、彭县的毛烟，绵竹的柳烟，很早就声名鹊起。简阳、资阳一带也是烤烟的老产区。

流域的内江，以从事甜蜜的事业而闻名。甘蔗在这个流域中成长壮大，早在公元 8 世纪的唐朝就开始了。自康熙十年（1671）起，内江就有了手工制糖的作坊，从此糖业生产就扩展到沱江上下。到了光绪末年，甘蔗种植已从沱江这个基地推广到全省 120 多个县，那时光是内江就有糖坊、漏棚 1400 家以上，甘蔗种植面积在周围曾达到 20 多万亩，年产糖品达 7000 多万斤。

名胜古迹在沱江流域里也随处可见。新都有桂湖和宝光寺，广汉有三星堆古文化遗址，德阳有庞统墓，彭县有龙兴寺斜塔，什邡有李冰衣冠墓，金堂峡里有条"金龙船"。资阳还是旧石器时期资阳人化石的发现地。古代四川境内的石刻也大都汇聚在这一区域。唐代石刻佛像在内江圣水寺、安岳都有发现；宋代刻制的荣县大佛规模仅次于乐山；最脍炙人口的，要算大足石刻佛像造像，这里有唐代以来的石刻、大小佛像5万多尊。流域内的工艺品如自贡竹编、剪纸、扎染以及隆昌的陶瓷都十分精美。

四川的水资源在全国都比较突出，四川境内的主要城市也大都位于江河交汇处。除岷江流域外，其他城市也大抵如此，如：攀枝花位于金沙江和雅砻江交汇处；绵阳是涪江、白龙江与西河的聚集地，涪江是嘉陵江右岸的最大支流，也是市境最主要的河流，它在绵阳市境的流域面积占全市面积的97.2%，对绵阳自然地理环境的形成和经济发展产生着重大影响；南充是嘉陵江及其支流东河、构溪河、西河、白溪河的汇聚地；广安是嘉陵江、渠江的集结地；达州是渠江及其支流州河和巴河的汇聚地，这三条河流也是达州市主要的水路运输通道。

纵观四川全境，岷江以其径流量、支流量、流域面积及灌溉、通航面积独冠全川，不愧为润泽四川千年的母亲河。

第七章

在水一方

　　四川多偏安的"小朝廷"。在交通信息不发达的古代，四川远离朝廷，内有天府之富庶，外有群山的拱卫，关起门来凭险据守，易成偏安之局，自古以来就是滋生地方割据势力和地方割据政权的土壤。章太炎曾概括这一历史现象说："四川重江复关，自为区域，先后割据者七矣，这七人皆自外来，而乡土无作者。"其中，公孙述是陕西人，刘备是河北人，李特是甘肃人，王建是河南人，孟知祥是河北人，明玉珍是湖北人，张献忠是陕西人，基本上都是北方人。

1935 年，《黔滇川旅行记》的作者薛绍铭由四川德阳经广汉、新都进入成都，所经之处见到"尽系平原沃野，沟渠交错，灌溉便利，人民只知有人祸，从不知有天灾"。由此，他感慨说："所谓'天府之国'，就自然环境上看来，实可当之无愧。"

　　这是 20 世纪 30 年代的学者对四川天府之国地位的再次认定。

　　实际上，四川物产的丰饶和山河的壮丽，不仅从物质上展示了四川农业文明的存在价值，而且也从文化领域展示了它独特的魅力。早在唐宋时期就有一大批外省文人到四川观光寻迹。

　　1958 年，作为诗人的毛泽东在成都会议期间，曾经圈阅过唐宋文人写的有关四川的一些诗和词。其中就有山西人王勃、白居易、温庭筠；河南人杜甫、岑参、刘禹锡、李商隐、李贺；河北人高适；江苏人张籍；浙江人罗隐、陆游；陕西人韦庄。这些吟诵四川的名篇佳作，至今仍被人们到处传诵。

　　比这些文人更早，秦国人司马错已经认识到四川的价值，不过他不是从自然和人文的角度，而是从军事战略角度说道："得蜀则得楚，得楚则天下并矣。"这句话说完没多久，他就率兵攻占了巴蜀。

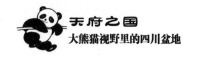

从地理环境和战略地位看，巴蜀历来是统一全国和复兴民族的根据地。早在 2000 多年前，司马错在论伐蜀时就提到这一战略特点。

事实上也正是如此：秦统一六国，是因为先灭了巴蜀，以四川的钱粮兵马作为根据地，浮江伐楚，才统一了全国；楚汉相争，刘邦依托汉中为根据地，取得战争的胜利，进而统一全国；三国时期，魏晋首先征服蜀国，最后灭吴而统一；北周、隋统一全国的战争也是以占据天府之国作为战略统一的基地开始的；安史之乱中，中原残破之际，唐王朝正是靠着剑南西川的财力才逐步恢复统一的；北宋建立后也是在第一时间收复了后蜀进而才逐步统一了全国。整个宋代，四川以一己之力为宋王朝守住了西南边境，使北宋王朝在抗击辽政权、金政权和西夏政权时占据了有利地位，并在南宋时期有力地抗击了蒙古人的进攻，大大延长了南宋政权的寿命；抗日战争时期，四川作为大后方，成为复兴中华民族的根据地，其原因之一也在于巴蜀的优越战略地位。

有一句话叫"天下未乱蜀先乱，天下已治蜀未治"，说的就是每到乱世，四川因为它独特的地形，肯定率先独立；而平定天下以后，四川又往往是最后一个被收复的地区。

四川的割据政权始于两汉交替之际。

王莽末年，天下纷扰，群雄竞起。王莽天凤年间（14—19），公孙述曾担任导江（即原蜀郡）卒正（太守），看到天下大乱，遂自称辅汉将军兼领益州牧。公元 25 年，公孙述在蜀中称帝，国号成家。公元 36 年，公孙述被光武帝刘秀的东汉政权所灭，成家割据政权共存活了 12 年。

东汉时期，汉王朝进一步加强了对巴蜀地区的控制与管理，从建武十二年（36）至灵帝中平六年（189）的150多年中，巴蜀地区的社会基本安定。

184年，中国北方爆发了黄巾军起义。185年，北方黄巾军主力战败后，绵竹随即爆发了马相领导的黄巾军起事，其核心组织成员则多是五斗米道的信徒。黄巾军一路征战，从绵竹攻入蜀郡和犍为郡，随后又攻入巴郡，控制了益州的大部分地区，但最终在地方豪强武装和官兵的共同镇压下失败。

鉴于巴蜀地区不断爆发各种战乱和叛乱，188年，朝廷派刘焉入蜀对益州进行治理。

刘焉入蜀后，一方面任用一些入蜀流民中的才能志士，将他们转化为自己的支持力量。另一方面又利用五斗米道的残余力量，对其中的一些官兵委任官职，利用他们清除敌对势力。随着刘焉在益州势力的不断壮大，他基本上控制了整个巴蜀，将其据为己有，并伺机反叛，形成割据势力。

193年，刘焉与其长子刘范联合西凉马腾进军长安谋杀李傕，但谋杀计划败露，刘焉的长子和次子被杀，刘焉称王的计划失败。194年，刘焉在悲凉中死去，他的三儿子刘璋继续统治益州。

200年，巴西人赵韪联合巴郡大姓起兵攻打刘璋政权，蜀郡、广汉、犍为三郡民众起而响应，但最终被东州集团镇压。此次叛乱动摇了刘璋的统治，加之刘璋治下的东州集团横行巴蜀，民心丧失，导致政局不稳。随着刘璋统治的衰弱，汉中的张鲁等人欲摆脱刘璋的统治，与巴郡大姓联合抵制刘璋，双方几次战争均以刘璋失败而告终。在这一过程中，刘璋也逐步丧失了巴蜀本土人士的支持，加之在曹操和刘备两大集团的威胁下，东州集团开始瓦解，最终导致

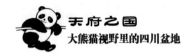
刘璋将益州之地拱手让给刘备。

刘备在赤壁之战获胜后逐渐壮大了自己的势力和地盘，先后取得荆州的武陵、长沙、桂阳等郡，并计划将长江上游的益州地区据为己有。此时，益州内部由于刘璋的昏庸无道而出现了矛盾，法正、张松等密谋推翻刘璋，加上张鲁此时占据汉中，在北面对益州构成威胁。211年，曹操扬言欲进攻汉中，刘璋对此十分恐惧。张松趁机劝说刘璋迎接刘备入蜀，让刘备帮忙讨伐张鲁，据守汉中，抵挡曹操的进攻。刘璋采纳了张松的建议，迎接刘备入蜀，实际上这一举动成为埋葬自己的导火索。

刘备亲率军队数万，以庞统为军师入蜀。表面上是帮助刘璋消灭占据汉中的张鲁，实际上是为了灭刘璋而占据益州。可怜的刘璋对此毫无察觉，反而给刘备提供了大量的军粮和战备物资。而刘备打着征讨张鲁的旗号，从益州出发，北上到葭萌之地，一路上收买刘璋军队的人心，为其统领益州创造条件。

214年，刘备突然转兵南下，攻破数城，占领成都，自领益州牧，并于219年占据汉中，效仿先祖刘邦，自称汉中王。待220年曹操的儿子曹丕称帝建魏后，刘备也立刻于221年在成都称帝建立蜀汉政权。

刘备占据益州后，重视处理与当地豪族大姓之间的关系，同时也与外迁入蜀的豪族大姓加强联系。他称帝后，以诸葛亮为丞相，许靖为司徒，张飞为车骑将军，马超为骠骑将军，吴壹为关中都尉，魏延为镇北将军，李严为辅汉将军，马良为侍中，杨仪为尚书，何宗为鸿胪。这个班底以刘备自己的荆州集团为主，同时也组合了原东州集团的人马和益州本土的势力。

阆中古城 席之尧 画（12岁）

在诸葛亮等人的协助下，益州局势逐渐稳定，巴蜀地区的经济逐步得到恢复和发展。随着蜀汉对周边地区的征战，其疆域也得到扩展。鼎盛时期的蜀汉疆域包括现在的四川、重庆、陕西、甘肃、云南、贵州、湖北等七省市，蜀汉基本上承袭了汉代以来巴蜀地区的行政区划，设益州一州，统领24郡87县，同时还在吴、魏之地设置虚封和遥领之地，其整体面积虽然在当时的三国里面是最小的，但却是秦以后巴蜀地区割据历史上较为辉煌的时刻。

刘焉本是朝廷命官却想自立为王，刘备本是刘璋邀请平乱的，却取刘璋而代之。不过，这两人都比较短命：刘焉入蜀不过6年，便在悲凉中死去；刘备攻占成都不过7年，也在不甘中去世。

从188年刘焉入蜀到214年成都被刘备攻占，刘焉、刘璋父子的势力只存在了26年；从214年刘备攻占成都到263年刘禅出城投降，刘备、刘禅的割据时间也不到50年，如果从刘备称帝的221年算起，刘备、刘禅父子二人统治四川的时间只有42年。

西晋统治四川初期，局势较为稳定，经济也得到短暂的发展。

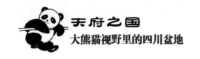

290 年晋武帝去世后，西晋政权上层陷入严重的内乱之中，西北地区爆发了匈奴起义，连年战乱加上秦、雍二州持续发生旱灾，疾疫流行，民不聊生。

298 年，秦、雍二州所辖的略阳、天水等六郡汉、氐等大量流民因饥荒流入汉中平原的汉中郡（今陕西汉中）就食。流民到达汉中后，听闻巴蜀富庶，遂请求朝廷批准寄食巴蜀。获得允许后，大批流民经由剑阁进入益州，分散在广汉、蜀、犍为三郡，并被当地的地主雇佣耕作。

在六郡流民入蜀之时，曾任西晋长安令的赵廞在 296 年迁任益州刺史，298 年到任益州。赵廞不甘一个刺史之职，入蜀后看到晋室衰乱，遂产生了割据巴蜀的想法，于是开仓放粮，赈济灾民，以此收买人心，同时利用在流民中享有声望的李特兄弟等人，招募流民中的勇壮之人，组成流民武装，伺机反叛。

300 年，晋廷发生宫廷政变，时为益州刺史的赵廞起兵反叛，李特兄弟也率流民武装参与叛乱。多疑的赵廞却打算伺机消灭李特兄弟，消除威胁。几经争斗，李特于 301 年攻破赵廞的军队，赵廞被手下所杀，叛乱被平定。

301 年，朝廷任命罗尚为益州刺史治理巴蜀。罗尚入蜀后下令流民限期离开益州，而益州的官吏则在各地设置关卡，趁机劫掠财物，引起流民的不满与反抗。此时晋室爆发"八王之乱"，李特认为称雄巴蜀的时机已经到来，遂在绵竹设立大营，聚集六郡流民，很快就集聚了两万人，李特兄弟自称大将军，赈灾济贫、整肃军纪，获得了益州人民的支持。

从 301 年到 303 年，李特率军连续几次打败官军派来偷袭的队伍，并于 303 年攻入成都少城，后因轻敌被益州刺史罗尚反杀。

303 年末，李特之子李雄率军攻入成都大城，罗尚见势不妙，弃城而逃。罗尚的外逃标志着西晋朝廷对益州的完全失控，益州基本处于以李雄为首的流民的控制之下。

304 年，在众多流民将领的拥戴之下，李雄称成都王，开始了对巴蜀地区的治理。306 年，经过近两年来对成都及其周边地区的治理，李雄认为建国的时机已经成熟，遂在成都建国称帝，国号为大成（史称"成汉"）。

李雄称王称帝后，不断对外用兵，开疆拓土，扩大统治范围。到全盛时期，其疆域控制范围东到建平（今湖北境内），北达汉中、仇池（今陕西、甘肃南部），西到汉嘉、沈黎，南到宁州。

李雄统治大成政权 31 年间，采取宽政、慎刑、休养生息等措施，大大减轻了巴蜀人民的负担，百姓生活和经济均有所改善，一时出现了北方和南方其他地区所没有的太平局面。

334 年李雄病死后，成汉李氏家族陷入和西晋司马氏家族一样的宫廷内乱中，统治阶级内部分崩离析，加上僚人的反抗和自然灾害的影响，各种矛盾齐爆发，导致成汉政权的国力迅速衰弱。

346 年，东晋大将桓温受命率 7000 余精兵伐蜀，通过长江三峡进入成汉境内，扼守川东大门的镇东将军李位不战而降，晋军长驱直入，直逼成汉统治中心成都。

347 年，桓温率军队一路杀入成都，成汉皇帝李势见大势已去，仓皇弃城，连夜逃往葭萌，并送表以示投降桓温，成汉自此灭亡。

成汉政权自李雄于 306 年正式称帝，至 347 年李势投降，在巴蜀地区存在了 42 年。其政权存续时间和刘备的蜀汉政权相同，都是

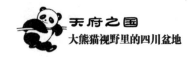

42 年。

907 年唐朝灭亡之后，中国社会经历了五代十国短暂的分裂时期。这一时期在四川先后建立了两个割据政权：前蜀和后蜀（其中925—934 年归后唐统治）。965 年，北宋灭了后蜀政权，四川地区归入北宋版图。

王建原为唐朝忠武军将领，于 886 年到达四川，出任壁州（今四川通江）刺史。任职期间，王建自募兵士，积累实力。而此时的大唐已摇摇欲坠。891 年，王建发兵攻取成都，占据西川。此后又不断向川北、川南、川东拓展地盘，直至汉中。903 年，唐王朝封王建为蜀王。3 年后，王建在成都立行台，正式割据三川。

907 年 3 月，朱温篡位建立后梁，大唐王朝分崩离析，天下大乱。在这种形势下，王建于同年 9 月在成都称帝，国号大蜀，史称前蜀。全盛时期疆域包括四川大部、甘肃东南部、陕西南部、湖北北部等地区。

王建称帝后，安于统治四川，没有进一步扩张的野心，还采取多种措施恢复发展遭遇重创的四川经济，与民休息，减免赋税，鼓励发展生产。只短短几年，蜀中便摆脱战乱的颓废，经济发展，成为南方最富庶的地区之一。

但王建统治后期，尽毁以往清明的政治风气，滥杀忠良，整个前蜀统治集团都走向了腐化堕落。918 年王建死后，其子王衍登基，荒淫无度，不理朝政，致使宦官专权，民心背离。五代中的后唐（位于黄河中下游一带的中原地区）趁机于 925 年发兵 6 万进攻前蜀，战争只进行了 70 天，前蜀便被后唐灭亡。

从 907 年到 925 年，前蜀政权只存在了 18 年。

后唐灭前蜀后，为了防止再出现王建那样的割据势力，就将四川地区分为东西两个行政地区进行统治，派孟知祥为西川节度副大使，董璋为东川节度副大使。然而，孟知祥看清了后唐朝政的混乱与倾轧，一到任便着手效仿王建，割据四川。

孟知祥不动声色，暗中积蓄力量，削弱董璋的实力。932年，孟知祥后发制人，在董璋领兵攻打西川时迎头痛击，大败董璋，占据了东川之地。后唐朝廷无奈只得在次年加封孟知祥为蜀王。此时的孟知祥已奠定了统治四川的基础。在得到蜀王封号的次年（934）正月，便在成都称帝，国号仍为蜀，史称后蜀，后唐对四川8年的统治至此结束。

孟知祥登基半年便病死，其年仅16岁的儿子孟昶继位，在母亲的辅助下治理国家。在后蜀短暂的割据时期，四川在文学、绘画、音乐、舞蹈、石刻、经学、医学、化学、史学等方面都有不俗的建树，在中国古代文学史、艺术史、学术史、科技史上都有比较重要的地位。

像王建一样，孟昶在中年以后开始享乐，任用奸佞，穷兵黩武，后蜀国力迅速衰微。而此时的北方，赵匡胤于960年通过"陈桥兵变"夺取后周政权，建立北宋，并采取"先南后北""先取西川"的战略方针，直逼后蜀。

此时的后蜀不但不知凶险，还主动挑起事端。964年10月，后蜀联合北汉夹攻宋军，宋军以此为借口，于次月发兵6万（和后唐征讨前蜀的兵力一样多）征讨后蜀。宋军摧枯拉朽，仅用66天（和后唐灭前蜀的时间接近），便兵临成都，后蜀皇帝孟昶上表请降，后蜀灭亡。

从934年到965年，后蜀政权历时31年。

宋朝灭亡，元朝建立。元朝是由蒙古人建立的王朝，实行不平等的民族统治，四川由于当时属于南宋统辖，很不幸地沦为备受歧视的南人阶层。

元朝还根据职业将民众分为九大类，从高级至低级依次为：官、吏、僧、道、工、农、医、娼、儒、丐。四川是道教的发源地，根据排序只能排在僧后面，昔日备受尊敬的儒家士人却连娼妓都不如。这种民族地位的划分和职业等级的划分不仅不利于四川地区社会的稳定和经济的发展，还使民众备受屈辱。

1328 年 7 月，元泰定帝出巡，在上都（内蒙古正蓝旗东）驾崩，元朝廷立即陷入血雨腥风的皇位争夺中。全国多地卷入其中，四川也是其中之一。四川行省平章政事囊加台在这场争斗中失势，遂于 11 月据蜀称王。元廷调遣大军镇压，于次年招降囊加台，平定了四川。但此时各种社会矛盾并没有平息，反而愈演愈烈。

元朝末年，红巾军起义爆发并逐渐波及全国。1357 年，红巾军首领徐寿辉的部将明玉珍奉命西征，攻破川东，打败了元军守将，进入重庆，被徐寿辉任命为陇蜀四川行省参政。其后，明玉珍再向川西进发，转战乐山、成都等地，屡败元兵。

1363 年正月，明玉珍在重庆自立为帝，国号大夏。这标志着四川已经摆脱元朝的统治。

元军从 1235 年开始进攻四川到 1279 年平定四川，其征战时间用了 40 多年；而从 1279 年平定四川到 1363 年明玉珍据蜀称帝，其统治四川的时间只有 80 多年。

明玉珍的大夏政权并没有维持多久。1366 年，明玉珍病死，他的儿子明昇继位。1371 年，朱元璋派遣大军进攻四川，明昇奉表投降，大夏灭亡。

和短命的后唐统治四川的时间一样，大夏在四川的统治时间也只有短短的 8 年。

元朝灭亡，明朝建立。

明朝前期社会基本稳定，但到了后期，社会矛盾开始凸显：宦官专权、官员腐化、土地高度集中、百姓赋税徭役繁重，加上连年灾荒，导致大量流民流离失所，社会极不安定。

1627 年，陕西爆发了农民大起义，多支起义部队呈现出星火燎原之势。其中有两支起义军声势最为壮大：一支是李自成领导的起义军，一支是张献忠领导的起义军。

李自成领导的农民军起初主要转战于陕西、甘肃、四川北部一带，后来向东发展，进入中原，最后于 1644 年攻入北京，灭了明朝。

张献忠领导的这支起义军，对四川影响最大。

1630 年，张献忠在陕西米脂起义，先后转战陕西、四川等省。曾分别于 1634 年、1635 年、1637 年、1639 年 4 次进入四川，在川东、川北、川西、川南都进行过战斗，影响范围包括成都、夔州、大宁、大昌、巫山、龙安、剑阁、安岳等地。第三次进攻四川时，曾将成都包围 20 余日，并在战斗中杀了明朝总兵侯良柱等将领。

1644 年，就在李自成攻入北京的同一年，张献忠的农民军攻克成都，在成都建立政权，国号大西。

张献忠在四川的杀戮过重。起初，四川的官僚、大地主还是采取服从、配合大西政权的态度，但 1644 年 5 月，在南京的明朝福王朱由崧建立弘光政权后，他们马上改变了态度，组织武装，四处发动叛乱，张献忠对此进行了严厉的镇压。但是，在李自成战败，清

兵逼近西南地区的形势下,这些反对张献忠的武装势力又活跃起来,暗中联络清军,做清军的内应。

1646 年,清军兵临四川。张献忠率领军队赴川北抗击清军,四川的官僚大地主更加嚣张,主动配合清军企图南北夹击张献忠的部队。十二月,张献忠作战时牺牲,大西政权灭亡。

从 1644 年称帝到 1646 年灭亡,张献忠的大西政权只存在了两年。

张献忠死后,其余部会同其他农民起义军,拥明永历皇帝,在川、滇一带继续抗清达 19 年,最终失败。

清朝灭亡,1912 年民国建立。

一向有割据传统的四川在新旧政权交替之际一如既往地保持了独立或半独立状态,且派系林立,混战不已,直到 1935 年才重新被纳入南京中央政府的掌控下。

在交通信息不发达的古代,四川远离朝廷,内有天府之富庶,外有群山的拱卫,关起门来凭险据守,易成偏安之局,自古以来就是滋生地方割据势力和地方割据政权的土壤。

章太炎曾概括这一历史现象说:“四川重江复关,自为区域,先后割据者七矣。这七人皆自外来,而乡土无作者。”

有意思的是,这七个称雄四川的人,都是来自外省。其中,公孙述是陕西人,刘备是河北人,李特是甘肃人,王建是河南人,孟知祥是河北人,明玉珍是湖北人,张献忠是陕西人,基本上都是北方人。

更耐人寻味的是,这些“创业者”们大都短命:

公孙述称帝 12 年后败亡;刘备称帝只有 2 年时间便战败病亡;

王建称帝 11 年而病亡；孟志祥登基仅半年便病死；明玉珍称帝仅 3 年便病死；张献忠称帝只 2 年便战败而亡。

这些外地人大多在乱世入蜀，他们看上了四川这块风水宝地，要么坐地称王，与中央王朝分庭抗礼，要么与其他割据势力相互争雄斗狠。他们中的大部分人，自从在四川打出一片天地，搭建一个朝廷的架子后，便关起蜀门，不思进取，利用天府之国丰富的资源，尽情享受起苟且偏安的生活来。

之所以出现这种情况，主要还是因为秦汉以后，巴蜀已成为全国最大的粮仓，又易守难攻，所以养成了蜀地人的安逸性格，却无图谋中原的想法。

当年刘邦入蜀之时，巴蜀地区尚不具备"天府之国"的条件，所以刘邦只把蜀地当作他创立汉室的过渡地带。等到刘备入蜀时，情况已发生了很大变化，巴蜀已成富庶之地。所以，刘备虽然一心想北伐中原，光复汉室，但益州当地的官员却并不热心。他们当初热情欢迎刘备，是想让刘备替代昏庸的刘璋，确保巴蜀大本营不被强敌入侵。至于北伐中原的目标，对益州本土官员来说并没有多大吸引力。他们在此生活了几辈子，安逸惯了，并不想自讨苦吃。

所以，当刘备、诸葛亮死后，原先跟随他们入蜀的荆州过来的人也差不多都年事已高或去世了。姜维不仅资历浅，而且还是个"降将"的身份，几乎调不动当地人，蜀汉完全成了一个偏安一隅的政权，他们对中原一点兴趣也没有了。蜀汉之后，割据四川的偏安政权基本上对中原政权缺乏主动进攻的勇气和想象力，一心满足于蜀中安乐的生活。

蜀人不好战，所以一旦遭到中原政权的猛烈进攻，他们基本上

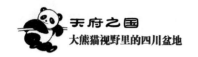

不作剧烈的抵抗。刘秀攻蜀，不足两年；刘备攻占四川，也只用了不到两年的时间；钟会、邓艾伐蜀，虽路途艰难，惊心动魄，但攻占四川，只用了5个月时间；桓温伐蜀时间比钟会、邓艾更短，只用了4个月；而五代时期后唐灭前蜀更是摧枯拉朽，只用了75天；到了北宋赵匡胤时代更是夸张，灭后蜀只用了两个月时间；明朝攻克四川虽然稍麻烦一些，但用时也不足5个月。基本上都是一鼓而下。彼情彼景，让后蜀的花蕊夫人有感而发："十四万人齐解甲，更无一个是男儿。"说的就是赵匡胤灭蜀时的情况。

纵观历史，蜀人虽然不好战，却并非不善战。蜀人身处四塞之地，他们要的是一种安逸康乐的生活，中原的汉人政权来了，无非是换个皇帝而已，他们的文化和生活习俗不会被破坏，原有的生活基本上在战乱后就可以恢复。但如果是外敌或异族入侵，那对不起，坚决抗争到底。所以，北宋灭亡后，金兵攻蜀，先后花数年时间发动了3次大规模的对蜀战役，依然惨遭失败。迄至金朝灭亡，金军始终没能进入四川。蒙古攻宋，四川持续抵抗50年，直到南宋皇帝投降后，四川仍然坚持抵抗了3年。清军入关，在北方先后落入清朝的统治后，四川仍然坚持抵抗达十几年。更别说抗日战争时期了，日军没能踏入四川半步，四川作为抗日的大后方，14年抗战期间出川抗日的蜀中将士达300多万人，死伤60多万人，在抵御外敌入侵史上，留下了悲壮的一页。

在抵御外敌入侵方面，四川毫不含糊，寸土必争，寸步不让。

从北宋开始，中原政权战场争夺的重心，由过去的东西之争变为南北之争。

1127年金灭北宋，两年后宋高宗逃往江南，在杭州重建宋朝，史称南宋，四川地区属于南宋王朝统治地区。金兵灭掉北宋后，继续进攻南宋。金兵先是向东南地区发起攻击，进攻受挫后，改变主攻方向，打算西攻陕西，然后南下四川，而后顺江东下消灭南宋。

1130年9月，宋、金军队在耀州富平（今陕西富平）会战，宋军大败，蜀中大震，川陕旋即成为南宋西线抗金战场的前沿。宋廷为此专门建立了四川防区，以陕西汉中一带为前沿阵地，四川为战略补给后方，顽强抵抗外敌。

从1131年到1134年，金军分三次大规模南下攻蜀，均遭到宋朝川陕宣抚处置使张浚部将吴玠、吴璘兄弟所率宋军的严重打击。

1131年10月，金兀术亲自统领大军数万，对川陕要冲和尚原（今陕西宝鸡南）发动大规模进攻。吴玠、吴璘率军与金兵激战三天，大败金兵，造成金兵入侵南宋以来第一次大败。

1132年底，金兵再次自陕攻蜀。金军绕开和尚原，先后占领金县、洋县、汉中等地，蜀中再度大震。宋军在吴玠的率领下，利用有利地形，恃险抵抗，金兵粮尽而撤，死者数千，川陕战局转危为安。

1133年冬，经过一年准备，金兀术第三次南下攻蜀，吴璘领兵抵抗，后因粮尽退守仙人关。次年二月，金兵10余万骑兵进攻仙人关，扎营四十余所。吴玠率3万余人奋力抵御，激战6天，大败金兵，并乘胜收复凤、秦、陇诸州。金兵遭此惨败后，从此再也不敢大规模进攻川蜀了。迄至金朝灭亡，四川仍牢牢稳固在南宋政权手中。

不过，金、蒙交集之际，四川又一次差点成为衰败政权的割据之地。

1206年，正是蒙古政权在大漠兴起的那一年，蜀地发生了吴曦叛宋事件。

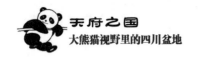

　　吴曦本为宋军西线主帅，他倚仗祖父吴璘的功劳，一路高升，担任四川宣抚副使、陕西河东路招抚使，他暗中勾结金人，密约献出仙人关外四州之地与金，以求金人封他为"蜀王"。1207年，吴曦叛宋，在兴州称蜀王，派兵进攻宋军。兴州典仓官杨巨源与中军正将李好义联络商定杀吴，李好义率义士74人入宫诛杀了吴曦及其党羽，杨、李乘胜收复了关外四州。吴曦的"蜀王"梦仅41天就被四川军民迅速粉碎了。

　　四川和蒙古大军的战争最早发生于1227年，那时候蒙古大漠的统一不过21年。

　　1227年蒙古灭西夏，并且侵占了四川的西和、阶、文等州。

　　1231年，蒙古大军遵循成吉思汗"假道于宋"的遗言，进攻金兵侧背，并乘机抄略汉中，攻陷阆州，略地至四川南部西北地区，共破四川城寨140余处。

　　1234年，宋、蒙合谋攻金，不料蒙古大军兵锋却直指南宋。宋蒙战争由此揭开序幕，而四川首当其冲成为双方战争的重要战场之一。

　　蒙古军队攻占四川是经过了许多次战役才逐步完成的，双方的拉锯战竟长达50多年。

　　1235年，蒙古窝阔台汗的次子阔端率军攻蜀，攻陷沔阳，进占与四川相邻的秦、巩地区。次年，宋将曹友闻率军在阳平关设伏，与50万蒙古大军喋血而战，全军战死，蒙古军占领了阳平关，控制了通向四川内地的重要通道。此后，蒙古军乘胜进兵，大举入蜀，十月攻陷成都，四川安抚制置副使兼知成都府战死。蒙古军又攻破成都府路、利州路，潼川府路所属州县，全蜀54个州县都被攻陷，只有夔州一路及沪、果、合数州尚存。

1237—1240 年间，蒙古军队再次分兵攻袭四川边州。1241 年，蒙古军队再次攻至成都，连破西川二十城，四川制置使陈隆之被俘遇害，战局更加恶化。

形势危急之下，南宋朝廷于 1242 年任命余玠为四川安抚制置使兼知重庆府，全面负责四川抗蒙重任。他到任后，对四川政治、生产、战备进行了一番整顿，制定了以合川钓鱼城为支柱的守蜀计划，又命令四川诸郡择险筑城，把平原浅丘地区无险可守的府州治所和居民迁到山地，将各个山城都修筑在水道沿岸险峻之地，易守难攻，以有效地对付蒙古骑兵。

余玠在蜀坚守备战 10 年，组织四川军民与蒙古军进行了大小战役 36 次，多次获胜，有效地打击了蒙古军队的进攻。然而，余玠的命运和南宋建立之初的功臣岳飞一样，最终被朝中奸臣所害，1253 年被朝廷解除兵权，被迫自杀。

1251 年，蒙哥接任蒙古大汗，即位之初便制定了先取巴蜀，再图江南的战略。

1253 年，蒙古军攻夺沔州、利州；忽必烈率军远征云南，攻占大理，蒙古军自此形成了对四川的南北夹击态势。

1257 年，蒙古大将纽磷攻破成都，又攻取四川的彭州、汉州、绵州等地。次年秋天，蒙哥汗亲率蒙古军主力，从汉中三路入蜀，占领了川北大部分要隘，又攻占了川南一些州县，进逼至川东，年底抵达合州，集中兵力进攻钓鱼城。守将王坚率军民奋力抵御，屡败蒙古军。1259 年初，蒙古军向钓鱼城发起总攻，遭到守城军民重创。六月，蒙古军先锋大将汪德臣攻城，被宋军击伤致死。七月，蒙哥

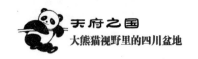

汗亲自督战，蒙古军再次攻城，蒙哥汗被宋军击伤，数日后死于军中，蒙古军被迫撤围而去，四川之危遂解。

1260 年，忽必烈在经过激烈的争夺后，即位蒙古大汗，并于1271 年建立元朝。元朝建立后，鉴于钓鱼城之战的教训，忽必烈改变战略方向，把进攻重点从四川转移到湖北襄阳，力图中路突破。

1275 年，四川境内的元军大举出动，连陷嘉定（今四川乐山）、叙州、泸州。东、西两川的元军分五路合围，进攻重庆。合州守将张珏拒绝投降，坚持抵抗。

1276 年，蒙古军攻占南宋都城临安，南宋宣告灭亡。在南宋政权已经灭亡的情况下，四川选择了继续抵抗。1278 年，元重兵再攻重庆，张珏坚持抵抗，城破后张珏被俘自尽。

由于蒙哥汗在钓鱼城之战中负伤身亡，临终前曾留下遗言："日后攻下钓鱼城，当尽屠城中之民。"1279 年正月，合州守将王立在得到忽必烈"弃城后绝不伤害城中百姓"的承诺后，挈城降元，钓鱼城失陷。弃城后，城中守军没有一个人乞求怜悯，守城的 32 名将军全部拔剑自刎。

从 1227 年开始到 1279 年结束，巴蜀军民抵御入侵的时间居然长达半个世纪，其中坚守钓鱼城的时间长达 36 年。而从 1279 年元军攻下钓鱼城到 1328 年元四川行省平台政事囊加台据蜀称王，其间蒙古政权在四川稳定的统治时间甚至不足 40 年，由此可见钓鱼城之战的影响至深至远。

钓鱼城之战结束后，元军攻占了四川全境，统一了四川，至此元朝才真正地统一了中国。

1234 年，宋、蒙联合灭金后，南宋欲收复河南失地，遭蒙军伏

钓鱼城

击而失败，双方自此爆发全面冲突，而宋蒙之战从公元 1235 年全面
爆发至 1279 年崖山之战宋室覆亡，延续近半个世纪，它是蒙古势力
崛起以来所遇到的费时最长、耗力最大、最为棘手的一场战争。而
发生于 1259 年的钓鱼城之战，则是其中影响巨大的一场战事。

威震世界的钓鱼城坐落于今天的重庆市合川区城东 5 千米的钓
鱼山顶，其山突兀耸立，相对高度约 300 米。地处嘉陵江、渠江、
涪江三江汇合处，南、北、西三面环水，壁垒悬江，城的周长达
十二三里，均筑有数丈高的石墙，南北各建一条延至江中的一字城墙。
整个钓鱼城分内城、外城，外城筑在悬崖峭壁之上，城墙系条石垒成。
城内有大小池塘 13 个，井 92 眼，可谓兵精粮足，水源充足；江边
还筑设有水师码头，布置有战船。城内有大片田地和四季不绝的丰
富水源，周围的山地也有许多可耕的田地。这一切使钓鱼城具备了
长期坚守的必要地理条件以及依恃天险、易守难攻的特点。

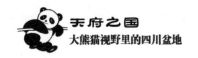
钓鱼城的修筑源于宋蒙战争。1235年，蒙军在西起川陕、东至淮河下游的数千里战线上同时对南宋发动进攻。至1241年，蒙军的战火已烧至南宋的大片土地，而四川则是全国三大战场（另两处在今湖北、河南及淮河流域一带）中遭受蒙军进攻最为严重的地区。这一年，蒙古大汗窝阔台去世，蒙古政权内部纷争不断，对南宋政权的攻势暂时减弱。南宋政权由此获得喘息之机，对全国各个战场的防御进行调整、充实。

1242年，宋理宗派遣在两淮抗蒙战争中战绩卓著的余玠主政四川。余玠在四川采取了一系列政治、经济、军事措施，其中最重要的便是创建了山城防御体系。即在四川的主要江河沿岸及交通要道上，选择险峻的山隘筑城结寨，整个区域防御星罗棋布，互为声援，构成一个完整的战略防御体系，而钓鱼城即是这一山城防御体系的核心和最为坚固的堡垒。

彭大雅担任四川制置副使期间（1239—1240）曾命人初筑钓鱼城。1243年，余玠采纳别人的建议，遣人复筑钓鱼城，并将合州治及兴元都统司移至钓鱼城办公，使这里成为合州地区甚至四川地区抗敌的中心。1254年，合州守将王坚进一步完善了城筑，大规模修城设防，使其更加坚固，四川边地陕南、川北之民为避战乱多迁至钓鱼城，使这里短时间内成为数十万人防守的军事重镇，展开了一次又一次的著名要塞防御战，成为阻击蒙古大军的坚强堡垒。

让蒙哥汗败亡的钓鱼城之战不仅在中国历史上意义非凡，在世界历史上也影响巨大。

蒙哥汗战死钓鱼城下，直接导致了当年蒙古灭宋战争的全面瓦解，使南宋政权得以延续20年之久。进攻四川的蒙军被迫撤军，护送蒙哥汗灵柩北还；已经率领东路军突破长江天险，包围了鄂州的忽必烈，为了与弟弟阿里不哥争夺汗位，也不得不撤军北返；从云南经广西北上的兀良合台一军，一路克捷，已进军至潭州（今长沙）城下，由于蒙哥之死，也渡过长江北返。西边主战场的失败加上主帅战死,直接导致蒙古南北两路大军的撤兵,南宋政权因此逃过一劫,又苟延残喘了 20 年。

由于蒙哥汗的战死，也直接导致了蒙军第三次西征行动的停滞，缓解了蒙古势力对欧、亚、非等国的威胁。

1252 年，蒙哥汗遣其弟旭烈兀发动了第三次西征，先后攻占今伊朗、伊拉克以及叙利亚等阿拉伯半岛的大片土地。正当旭烈兀准备向埃及进军时，获悉蒙哥死讯，旭烈兀遂留下少量军队继续征战，而自己却率领大军东还。结果留在非亚交界之地的蒙军因寡不敌众而被埃及军队打败，蒙军始终未能踏进非洲，蒙古军队的大规模扩张行动从此走向了低潮。因此，钓鱼城之战的影响已远远超过了中国范围，在世界史上也占有重要一页。

蒙古帝国国家军队的主力，原由蒙哥汗统帅进攻南宋，蒙哥汗在四川突然战死后，四川方面蒙古军进攻南宋的脚步不得不停下来。由于事先没有对大汗的继任者做周密的安排，在蒙哥汗去世后，忽必烈与阿里不哥之间围绕着汗位展开了激烈的争夺。之前成吉思汗分封的诸王选择支持不同的阵营。忽必烈虽然最终夺得了汗位，但蒙古帝国实际上已经四分五裂,远没有成吉思汗时期的统一和权威。诸王最后在被征服的地区建立了被称为"四大汗国"的钦察汗国、察合台汗国、伊利汗国和窝阔台汗国等实际上独立的政权。四大汗国的统治者在血统上虽然均出自成吉思汗"黄金家族"，彼此血脉

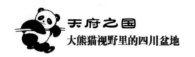
相连，因而同奉入主中原的元朝为宗主国，与元朝驿路相通，但经常爆发边界冲突，这一切都是因蒙哥之死带来的。四大汗国的独立又极大地影响了欧亚非当时的军事格局和国家版图，而这一切又和钓鱼城之战有着千丝万缕的联系。可以说，小小的钓鱼城几乎搅动了数百年的国际风云。

对于中原王朝而言，钓鱼城之战为忽必烈执掌蒙古政权提供了契机，因而也对中国历史发展产生了重大影响。这种影响主要反映在蒙哥和忽必烈对待汉文化的态度上。蒙哥汗是一位蒙古保守主义者，他所施行的仍然是游牧民族传统的政策。这种带有浓厚蒙古部族和西域色彩的政策，已极不适应统治中原的需要。而忽必烈则是蒙古统治集团中少有的倾慕汉文化的人士。蒙哥汗即位后，忽必烈曾受命掌理漠南汉地，他大力延揽汉族儒士，极力推行汉化政策，取得了很大成效，但却引起蒙哥汗及保守势力的猜忌，忽必烈因此而被罢官，其推行的汉化政策也被迫取消。忽必烈登上大汗宝座后，继续推行其汉化政策，逐步改变蒙军滥杀的政策，使中国南部的经济和文化免遭更大的破坏，进而极大地影响了中国的历史文化进程。而四川人不屈不挠抵御外敌的坚决、坚强、坚韧也在钓鱼城之战中表现得淋漓尽致。

对外敌的入侵，四川从来都会做殊死的抵抗，而对来自中原政权的"征服"，四川一般只做象征性的抵抗，所以才会有邓艾、钟会5个月伐蜀，桓温4个月伐蜀，后唐75天灭蜀，赵匡胤60天灭蜀的历史，其背后是四川盆地对中原文化的高度认同。自从秦国征服巴蜀以后，四川就和中原政权紧紧地联结在一起，即便是在南北大分裂时期也是如此：南北朝时期，四川属于东晋；五代十国时期，四川属于后唐；辽宋、金宋对峙时期，四川属于北宋和南宋，终其秦以后2000多年历史，四川始终和代表汉文化的中原政权站在一起。

四川的这种文化归属感首先应该归功于李冰。李冰治理下的都江堰使洪水四溢的川西平原2000年来水旱从人，拥有"天府之国"的美誉。这种实实在在的美好使四川人民对李冰充满了爱戴和感念。而李冰背后是以秦国为代表的中原政权和汉文化。

都江堰水利工程给成都平原，乃至整个蜀中地区农业生产和人们的生活带来了极大的保障。不仅如此，秦政权为了改变巴蜀地区农业生产的落后局面，还向巴蜀地区迁入大批的移民。这些移民将先进的农业生产技术引入巴蜀地区，如革新农耕技术、推广铁制农具等。铁制农具的出现和大规模使用，逐渐取代了先秦时期巴蜀地区的木器、石器、青铜器等农具，使四川的农业生产得到较快发展，四川逐渐呈现出"天府之国"的景象。

秦以后，历代中原王朝对四川都极为重视，也出现了许多像李冰一样的治蜀能吏，进而使得四川盆地对中原文化的向心力进一步加强。

汉代的治蜀能臣首推诸葛亮。诸葛亮在担任蜀汉丞相后，在极力北伐的同时，大力发展经济。他注重与民休养生息，培育农桑，同时加强水利设施建设与维护，保持成都平原的正常农业生产。北伐时也注重汉中等地区的农业生产，还在渭水平原实施屯田，在少数民族地区，他推行适合山地的农业技术，保证山区的农业生产，同时进行畜牧业等山区养殖业的开发。

隋唐时期，四川发展迅速，逐步成为全国经济最繁荣的地区之一。隋朝虽然短暂，但对巴蜀地区的治理却十分有效。在隋末天下

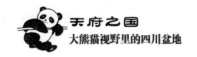

大乱时，唯独巴蜀地区没有发生变乱事件，这在很大程度上得益于隋朝治理巴蜀方式的得当。

在唐王朝289年的统治中，巴蜀地区未出现较大的动乱，成为全国最为安定的地区之一。唐王朝自始至终牢牢控制着巴蜀地区。当都城长安局面不稳时，当朝皇帝就会出逃避险于巴蜀之地。这一方面体现出巴蜀之地的富庶和稳定，另一方面也体现出历朝皇帝对巴蜀的重视。

唐代治蜀名臣当属韦皋。785年，他被唐德宗任命为剑南西川节度使，总镇川蜀长达21年。他对内恩威并施，对外与南诏结好，共同抗击吐蕃，保障了西南边陲的安定，同时重启南方丝绸之路，推动了唐与南诏及南亚、东南亚各国的交流，使当时四川出现了稳定发展的局面。他主政四川颇有政绩，稗史甚至称他是诸葛亮转世。

宋代的治蜀能臣首推范成大。作为南宋进士，他于1175年被朝廷任命为四川制置使兼知成都府。作为川陕四路的统兵大员，四川地区各都统制所率领的屯驻大军以及其他正规军均受其节制。

范成大治蜀，积极协调官府与四川地方人士的关系，争取得到地方绅士的支持。他大力表彰名士，大力网罗人才，让蜀士归心，调动和发挥士绅的积极性。

四川当时是南宋和金交战的战略补给地，因此四川民众的负担特别沉重。范成大注重体察民情，减少赋税，减轻民众负担，进而促进了经济发展。

范成大本人就是文豪雅士，因此也吸引了许多文化名人纷纷入蜀与范成大交往，进而推动了四川文化的发展。与此同时，范成大也格外重视四川的文化建设，他在任时兴建学堂、学院，且非常重视文物的保护。

范成大治蜀虽然只有短短两年时间，却政绩斐然。在他的治理下，四川政局稳定，人民安居乐业。范成大给蜀中百姓留下了极好的印象，人们称赞他平易近人，为民申冤，善于教化，因此不需要严刑峻法也一样达到了治理的目的。在他离任时，蜀中很多人都自发送行，有些人送行百里仍不忍回。

第八章

雪山·草地

　　川西高原大多时间呈现出莽莽雪原的景象，俗称"大雪山"。大雪山上终年积雪，人迹罕至，历史上只有两支军队从这里走过：一支是中国工农红军长征，从这里绕过防守严密的成都平原去陕北；另一支便是蒙古大军从这里绕过四川盆地南征大理。这两支经由川西高原征战的部队后来都产生了世界性的影响。

今天的人们，往往徜徉于川西平原的大街小巷，感慨那里的繁华和富庶。实际上，四川绝美的风景藏在川西高原和山地中。四川的西部，正好是青藏高原的东沿，海拔骤然升高五六千米，形成众多驰名中外的山脉，这些山脉高耸入云，景象壮观。山脉之间，流淌着一条条大河。

大渡河从青藏高原流下，在乐山汇入岷江，岷江在宜宾汇入长江。长江只有在岷江汇入以后才被正式称为长江，这之前的长江水的上游只能称之为金沙江，由此可见岷江在长江水系中的分量。

川西高原为青藏高原东南缘和横断山脉的一部分，地面海拔大多为 4000 ～ 4500 米，分为川西北高原和川西山地两部分。川西高原与成都平原的分界线便是雅安的邛崃山脉，山脉以西便是川西高原。高原上大多时间呈现出莽莽雪原的景象，俗称大雪山。大雪山上终年积雪，人迹罕至。历史上只有两支军队从这里走过：一支是工农红军长征，从这里绕过防守严密的成都平原去陕北；另一支便是蒙古大军从这里绕过四川盆地南征大理。这两支经由川西高原征战的部队后来都产生了世界性的影响。

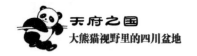
鉴于蒙军南征对四川和后来的中原王朝造成的巨大影响，我们在这里重点叙述一下蒙军的三次南征。

公元 1234 年，南宋与蒙古联合灭金之后，蒙军北撤，在黄河一带留下了大量空城。南宋借此收复了湖北西北部和河南西南部大部分地区，但原属金政权的东京汴梁、西京洛阳、南京商丘仍在蒙古军的掌握中，南宋想乘蒙古北撤收复三京，这无异于与虎谋皮，结果惨遭失败。蒙古以此为由，开始对南宋进行大举征伐。

实际上，自公元 1206 年统一各部以来，蒙古的军事扩张就没有停止过，东灭金，南灭西夏，西南灭西辽，西征最远到达欧洲。至公元 1234 年灭金后，蒙古便与南宋直接接壤。公元 1235 年至 1279 年，蒙古对南宋先后发起三次南征，而每一次，四川都首当其冲。

蒙军第一次南征发生在公元 1235 年至 1241 年。

蒙古大汗窝阔台兵分东、中、西三路，大举南征，东路取道江淮地区通道；中路取道河南、湖北交界的南阳—襄阳隘道；西路取道陕西、四川交界的蜀道。

南征初期，三路兵马齐头并进，兵锋迅疾，东路在江淮一带烧杀抢掠，中路攻克襄阳，西路侵入四川盆地，直达长江口，逼近湖北。

自宋立国以来，基本遵从"崇文抑武"的国策，由此也造成了在对辽、对金甚至对西夏的战争中表现都相当糟糕，最终导致南宋偏安江南。不过，在对抗蒙军南征的初期却涌现了杜杲、孟珙、余玠等名将，他们运用极高的军事才能，从被动应战转为主动出击，逐步建立了完备的防御体系，使南宋成为蒙古对外征战花费时间最长、付出代价最大的王朝。东路，在杜杲的防护下，蒙军最终未能渡过长江；中路，蒙军攻克襄阳后，始终无法向南推进，孟珙反击，获得主动；西路，蒙军攻取汉中，拿下四川后，余玠利用盆地多山地貌，在关键地带建立关隘，步步设防，将蒙军的运动战变为阵地攻坚战，牵制了蒙军的进攻。

公元 1241 年，窝阔台去世，各路蒙军撤兵返蒙，争夺可汗之位，蒙古第一次南征宣告结束。蒙军的这一次南征，给沿途人民造成了巨大的伤害，四川受害尤为严重，这更加激发了四川军民同仇敌忾、一致抗蒙的决心。

第二次南征发生在公元 1252 年至 1259 年。

第一次南征结束后，经过近 10 年的内部争斗，蒙哥夺得大汗之位，安排其弟忽必烈再次南征。此时蒙古帝国的疆域已发生变化。1247 年，窝阔台次子阔端在凉州会见了来自西藏的高僧萨迦班智达，史称凉州会盟。蒙古接受吐蕃的请降，疆域南扩至与大理接壤，这为蒙军征宋的军事部署提供了巨大的想象空间，中国古代历史上最大疆域、最大规模的联合作战自此登场。

鉴于第一次南征的教训，忽必烈采纳了汉将郭宝玉的策略：第一阶段，采取战略大迂回，行军南下攻取大理，再取安南，开辟西南战场；第二阶段，取道大理、安南，从西南方向与北方三路战线呼应，南北夹击南宋。

公元 1253 年，忽必烈率军抵达临洮，短暂停留后，向南到达岷山的达拉沟，兵分三路向大理进发：

东路蒙军翻越岷山，直趋成都西，沿四川盆地边缘至雅安，再到云南，前往大理。

中路：由忽必烈亲自率领走大金川，沿大渡河河谷向南，直达南面的满陀城，渡过大渡河，经青溪古道，进入云南，直趋丽江、大理。

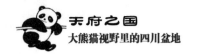
西路：由兀良合台率领越过岷山，向西疾行，到达金沙江上游，再沿金沙江南下，至香格里拉，再到丽江，到达大理。

其中，东路军途经南宋疆域，在忽必烈的战略意图中，东路军旨在牵制南宋军队，吸引注意力，掩护中路、西路行军，因而蒙军的这次川西高原之行并没有发生激烈的战斗。

公元1254年，蒙军征服大理，并以大理为基地，用两年时间向东、向南横扫云南、安南。1258年，安南请降。至此，蒙军获得西南方向的交通要道，对南宋的南北合围布局完成，第一阶段的战略目标完成。

公元1259年，蒙古第二次南征正式打响，战争仍聚焦在北方的三个主战场：

东路：江淮战场；中路：两湖战场；西路：四川战场。

蒙军当时的作战布置是这样的：

东路作为佯动牵制力量，由大将塔察尔率领，主攻荆山，分散南宋的兵力和注意力。

中路和西路，除安排自北方南攻线路外，增加了两条向南向北的进攻线路。

中路：北方战线由忽必烈率军绕过南宋军队的南阳—襄阳—荆州防线，渡过淮河，扫平江淮地区，之后再渡长江，围攻鄂州；南方战线则由兀尔良率军自云南进入广西攻破老苍关（南宁附近）进入桂林，再北上经过怀化，直抵潭城。

西路四川战场，也是这次南征最主要的战场，由蒙哥大汗亲率大军分两路走金牛道、米仓道，分取成都和重庆，最终合兵合州钓鱼城下；南方战线则由兀尔良派兵配合，从云南东北方向攻取四川泸州后直趋重庆，与蒙哥大汗会兵钓鱼城。计划在突破钓鱼城后，沿长江向下游进攻湖北方向，直围中路战场。

蒙军在三个主战场上，五条进攻线路协调推进，只要西路军突破钓鱼城，沿长江而下，与中路军合围，南宋的南阳—襄阳—荆州防线极易被瓦解，战争的天平很快就会向蒙军倾斜。可历史似乎和蒙古帝国开了个天大的玩笑，在围攻钓鱼城的关键时刻，蒙哥大汗死在钓鱼城下，各路蒙军闻讯，进攻戛然而止并撤军返蒙，开始了内部权力争斗。

蒙古军队的第三次南征发生于 1267 年至 1279 年，鉴于四川军民的顽强抵抗，蒙军这次把进攻的重点放在了中路，从中路进攻两湖地区，开始了对襄阳持续 6 年的围困。

公元 1273 年，元军攻克襄阳，南宋门户被攻破。1274 年，鄂州失守；次年，建康（今南京）失守；1279 年，南宋都城临安被攻陷。

公元 1279 年，钓鱼城被攻陷，元军攻占四川，南宋彻底灭亡。

元军三次南征，几乎覆盖了四川全境，即使茫茫雪山依然成为蒙古铁蹄的进攻之地。三次南征给四川造成了巨大的伤痛，人口锐减，百业凋敝，哀鸿遍野，惨不忍睹。

20 世纪 30 年代中期，英勇的中国工农红军也曾转战川西高原山地。在转战四川的一年零八个月的时间里，进行过最激烈的战斗，举行过重要的会议，经历过最艰难的行军，留下了四渡赤水、巧渡金沙江、抢渡大海河、飞夺泸定桥、过雪山草地等许多传奇故事和红色足迹。

历史上试图穿过茫茫川西高原的，除了蒙军和红军外，还有另外一支队伍——太平天国的石达开。

金沙江·虎跳峡

天京事变后，石达开于咸丰七年（1857）带领10万大军离开天京。最初石达开的核心战略目标是开拓广东地区，然后回师广西老家，彻底控制两广地区。后来他发现，两广地区皆为山地，对于常年习惯在长江两岸作战的太平军极为不利，随即他带领人马全力向西进发意图回到广西发展，但途中部队不断流失，尤其是军中的一些元老和江南士兵的离开，让石达开马上将战略目标调整为北伐，目标即为四川。

1863年5月，石达开为了北上夺取四川，制订了一个极为完美的计划：他以两线分兵作战的方式，成功让一支军队奔袭到汉中，而他自己则亲率主力计划渡过大渡河，北上合围四川。

1863年5月12日，石达开率领太平军三四万人从云南昭通入四川宁远府（今西昌市）境，抵达大渡河边的紫打地（四川省雅安市石棉县安顺场的一个历史地名），恰逢暴雨洪水，一时无法渡河。

泸定桥

其时清军大兵驰至防堵，于5月下旬连次挫败太平军的强渡行动，石达开面临绝境。6月9日，紫打地失守，石达开率残部7000人退据老鸦漩，彻底陷入绝境，遂于6月13日自投清营，后被解往成都杀害。

除了这些动人心魄的战事，古代人迹罕至的川西高原和川西北山地，还分布着许多风景名胜，四川最美的风景多聚集于这一地带。

四川全省的地形可分为四川盆地、川西高山高原区、川西北丘状高原山地区、川西南山地区、米山区大巴山中山区五大部分，四川的奇景胜迹多分布在川西高山高原区、川西北丘状高原山地区。

川西高原和成都平原的分界线是雅安的邛崃山脉，山脉以西便是川西高原。川西高原上群山争雄，江河奔流，长江的源头、四川的母亲河岷江都出自这里，其中位于甘孜藏族自治州的贡嘎山是四川省的地理最高点，海拔7556米，已经接近世界最高峰珠穆朗玛峰。

贡嘎山脉

这里既孕育了神秘的古蜀文明，又蕴藏着许多名山大川。

四川有世界遗产 7 处，列居全国第二位。其中，世界自然遗产 3 处（九寨沟、黄龙、四川大熊猫栖息地），世界文化与自然双重遗产 1 处（峨眉山—乐山大佛），世界文化遗产 1 处（青城山—都江堰），世界灌溉工程遗产 2 处（东风堰、都江堰）。列入世界"人与生物圈保护网络"的保护区有 4 处（九寨、卧龙、黄龙、稻城亚丁）。这些景观全部位于川西高原山地或接近川西高原的地段。

自古以来就有"天下山水在于蜀"的说法，并有"峨眉天下秀，青城天下幽，剑门天下险，九寨天下奇"之誉。除了剑门外，其他三处全在川西。

四川的名山更是数不胜数：有贡嘎山（蜀山之王）、四姑娘山（蜀山皇后）、华蓥山（天下情山）、金城山（道教仙境）、青城山（四大道教名山之一）、峨眉山（四大佛教名山之一）、螺髻山、天台山、千佛山、蒙顶山、西岭雪山等著名山峰，还有横断山系的雀儿山、大雪山、邛崃山、岷山以及大凉山、小凉山、龙门山、丹景山、米仓山、大巴山、龙泉山等大小山脉。

截至 2023 年，四川共有 16 家 5A 级风景区，其数量在全国名列前茅。

九寨沟国家级自然保护区，位于四川省西北部岷山山脉南段的阿坝藏族羌族自治州九寨沟县漳扎镇境内，地处岷山南段弓杆岭的东北侧，距成都 400 多千米，系长江水系嘉陵江上游白水江源头的

九寨沟

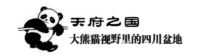
一条大支沟。其景观规模巨大、形式多样、数量众多、形态奇绝，是岷山山系大熊猫 A 种群的核心地和走廊带，为全国生物多样性保护的核心之一。其动植物资源丰富，具有较高的生态保护、科学研究和美学旅游价值。

九寨沟不仅是国家 5A 级景区，更是世界自然遗产、国家重点风景名胜区，同时也是国家级自然保护区、国家地质公园，也是中国第一个以保护自然风景为主要目的的自然保护区。千百年来，九寨沟隐藏在川西北高原的崇山峻岭中，人类的活动显得微不足道。这里的藏民长期以来几乎与世隔绝，过着自给自足的农牧生活。由于山高路远，九寨沟一向鲜为人知。直到 1975 年，农林渔业部的一个工作组对九寨沟进行了综合考察，并得出"九寨沟不仅蕴藏了丰富、珍贵的动植物资源，也是世界上少有的优美风景区"的结论，九寨沟才逐步走入人们的视线。1992 年，九寨沟经联合国教科文组织世界遗产委员会 16 届会议批准被列入《世界自然遗产名录》，从而成为具有世界意义和突出价值而需要全世界共同承担保护责任的自然遗产地。自此以后，九寨沟名扬天下。

九寨沟的得名来自景区内 9 个藏族寨子，这 9 个寨子又称为"和药九寨"。由于有 9 个寨子的藏民世代居住于此，故名为"九寨沟"。这里的民俗至今还保存着浓郁而古朴的藏族传统：精美的服饰，剽悍的腰刀，香醇的青稞酒、酥油茶，洁白的哈达，欢快的踢踏舞，稳健的"二牛抬扛"等。

景区内生物多样性丰富，物种珍稀性突出。名贵中药有：冬虫夏草、雪莲、雪茶、川贝母、天麻等，珍稀动物有大熊猫、金丝猴等。这里以高山湖泊群、瀑布、彩林、雪峰、蓝冰和藏族风情并称"九寨沟六绝"，被世人誉为"童话世界"，号称"水景之王"。

黄龙风景名胜区位于阿坝州的松潘县，是中国唯一保护完好的高原湿地。其位置也处在岷山南段，与九寨沟毗邻，距松潘县城56千米。景区以结构奇巧、色彩丰艳的地表钙华景观为主景，由黄龙沟、丹云峡、牟尼沟、雪宝鼎、红军长征纪念碑碑园组成。主要景观集中于长约3.6千米的黄龙沟。1992年，黄龙风景名胜区被列入《世界自然遗产名录》，不仅是国家5A级景区，还是国家重点风景名胜区。2023年还被文化和旅游部列入10条长江主题国家级旅游线路，是以绚丽多彩的民族风貌为特征的综合型风景名胜区。核心区域点缀着大大小小3000多个五光十色的彩池，主要景观集中于雪宝峰下的黄龙沟中。从顶峰流下的雪水汇聚成溪，在黄龙沟形成层层叠叠的梯状湖泊、池沼，池水澄清无尘，水色因水底沉积物和树木、山色的变化而呈现黄、绿、浅蓝、蔚蓝等颜色，有"世界奇观""人间瑶池"等美誉。

黄龙所在的松潘县一直以来都是多民族聚居之地，一直以丰富多彩的民间文化艺术闻名。传承数百年的黄龙庙会，将藏、羌、回、汉等民族的民俗精华荟萃一堂，跳锅庄、唱山歌、琵琶弹唱、吹羌笛。

川西高原山地还拥有大熊猫的栖息地。

四川大熊猫栖息地保存的野生大熊猫占全世界30%以上，是全球最大最完整的大熊猫栖息地。此地区是全球所有温带中植物最丰富的区域，被国际保护组织选定为全球25个生物多样性热点地区之一，被世界自然基金会确定为全球200个生态区之一。

2006年7月，四川大熊猫栖息地作为世界自然遗产被列入《世界遗产名录》，2023年5月，被文化和旅游部列入10条长江主题

国家级旅游线路。

四川大熊猫栖息地由四川境内的 7 处自然保护区和 9 处风景名胜区组成，地跨成都市所辖的都江堰市、崇州市、邛崃市、大邑县，雅安市所辖的芦山县、天全县、宝兴县，阿坝州所辖的汶川县、小金县、理县，甘孜州所辖的泸定县、康定市等总共 12 个县和县级市，面积达 9245 平方千米。

7 处自然保护区分别为：

卧龙自然保护区，位于四川省阿坝州汶川县境内。

蜂桶寨自然保护区，位于四川省雅安市宝兴县境内。

四姑娘山国家级自然保护区，位于四川省阿坝州小金县境内。

喇叭河自然保护区，位于四川省雅安市天全县境内。

黑水河自然保护区，位于四川省成都市大邑县和雅安市芦山县境内。

金汤—孔玉自然保护区，位于四川省甘孜州康定市境内。

草坡自然保护区：位于四川省阿坝州汶川县境内。

9 处风景名胜区为：

青城山—都江堰风景名胜区，位于都江堰市境内。

天台山风景名胜区，位于邛崃市境内。

四姑娘山风景名胜区，位于阿坝州小金县境内。

西岭雪山风景名胜区，位于成都市大邑县境内。

鸡冠山—九龙沟风景名胜区，位于崇州市境内。

夹金山风景名胜区，位于雅安市宝兴县境内。

米亚罗风景名胜区，位于阿坝州理县境内。

灵鹫山—大雪峰风景名胜区，位于雅安市芦山县境内。

二郎山风景名胜区，位于雅安市天全县境内。

四川大熊猫栖息地几乎把川西、川西北高原山地的旖旎风光大部分都收入自己的怀抱中，由此也可以看出大熊猫的珍贵性。

大熊猫属哺乳动物，是中国特有，仅有两个亚种：四川亚种和秦岭亚种。主要栖息地为四川、陕西和甘肃的山区，绝大部分生活在四川。

大熊猫一般生活在海拔 2600～3500 米的茂密竹林中，常年气温低于 20℃，有充足的竹子和水源的分布，利于该物种建巢藏身和哺育幼仔。大熊猫对地形和气候条件的要求极为苛刻，不仅在世界上难觅踪迹，在中国也极其少见。川西和川西北以合适的海拔和绝佳的山水成为大熊猫的故乡。

大熊猫已在地球上生存了至少 800 万年，被誉为"世界活化石"和"中国国宝"，是世界自然基金会形象大使，是世界生物多样性保护的旗舰物种。

截至 2023 年底，中国的大熊猫野生种群增至近 1900 只（这个数量比 80 年前已有大幅提升），旅居国外的大熊猫总数达到 63 只。

大熊猫的历史源远流长，迄今所发现的最古老大熊猫成员——始熊猫的化石出土于中国云南禄丰和元谋两地，地质年代约为 800 万年前中新世晚期。

在长期严酷的生存竞争和自然选择中，和它们同时代的很多动物都已灭绝，但大熊猫却顽强生存至今，成为世界性的"活化石"。

已经生存了 800 万年的大熊猫，为什么会独独选择中国？选择四川？化石显示，大熊猫祖先出现在 200 万～300 万年前的洪积纪早期。距今几十万年前是大熊猫的极盛时期，它的栖息地曾覆盖了

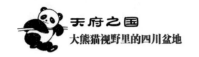
中国东部和南部的大部分地区，北达北京，南至缅甸南部和越南北部。化石通常在海拔 500 ～ 700 米的温带或亚热带森林发现。后来同期的动物相继灭绝，大熊猫却孑遗至今，并保持原有的古老特征，其珍稀性世界罕见。

宝兴县位于中国四川西北部的雅安市，这里山峦重叠、溪泉甘美、树木参天、景色宜人，处于盆地向高原高山的过渡地带，蕴藏着全中国近四分之一的动物物种，其中许多是珍禽异兽。

1869 年春天，法国传教士阿尔芒·戴维德在宝兴县发现了大熊猫并把它的皮制成标本送到法国巴黎的国家博物馆展出。世界上第一只大熊猫标本以这样的方式产生了。

法国巴黎国家博物馆将这张兽皮展出后，经该馆主任米勒·爱德华充分研究后认为：它既不是熊，也不是猫，而是和中国西藏发现的小猫熊相似的另一种较大的猫熊，便正式给它定名为"大猫熊"。

1939 年，炮火之下的重庆平明动物园举办了一次动物标本展览，其中"猫熊"标本最吸引观众注意。它的标牌采用了流行的国际书写格式，分别标明中文和拉丁文。但由于当时中文的习惯是从右往左读，所以参观者一律把"猫熊"读成"熊猫"，久而久之，人们就约定俗成把"大猫熊"读成"熊猫"。从此，"大熊猫"这个现代名称就这样诞生了。戴维德也就成了第一个向西方世界介绍中国宝兴大熊猫的外国人。

大熊猫的发现在西方世界引起轰动。从那以后，一批又一批的西方探险家、游猎家和博物馆标本采集者来到中国四川大熊猫生活的区域，试图揭开大熊猫之谜并猎获这种珍稀动物。其中包括美国罗斯福总统的两个儿子西奥多·罗斯福和克米特·罗斯福。他们先是到宝兴县，一无所获后进入大凉山，在越西县开枪打死一头大熊猫后，制成标本带回了美国。以后又有德国、英国等国探险家到四川猎获大熊猫或从中国猎人手里收购。一时间，不少西方国家的博物馆里都有了大熊猫的标本，但他们始终没能捕获到一只活的大熊猫。

在戴维德发现大熊猫 67 年后，1936 年，35 岁的美国纽约服装设计师露丝·哈克利斯新婚。她的丈夫威廉·哈克利斯是一个狂热的探险家，结婚后两周就奔赴中国寻找大熊猫。然而威廉还未到达四川便病死在上海。露丝决心完成丈夫的"盗劫"遗志，在丈夫去世两个月后的 1936 年 4 月启程前往中国。

露丝的探险队仅有两个人——她和 25 岁的美籍华人杨昆廷。他们从上海乘坐小木船逆水而上到达成都，然后进入汶川，在深山老林里设置猎捕的陷阱。1936 年 11 月 19 日，当杨昆廷从树洞里捉出一只毛茸茸的小动物时，露丝简直不敢相信，这就是西方人半个多世纪以来梦寐以求的大熊猫活体。她使用杨昆廷妻子的名字给这只大熊猫取名"苏琳"，随即迅速返回成都并乘飞机赶到上海。

尽管西方人已寻求大熊猫半个多世纪，并且知道它是濒临灭绝的珍稀动物，但仍然在"文明"的说教下不遗余力地捕猎它。而当时中国人对大熊猫的了解还几乎为零，政府也没有任何保护的规定和措施。露丝后来用行贿的办法登上了到美国的轮船。她把苏琳装在一个大柳条筐里，混出了海关。

露丝带着苏琳还在太平洋上航行，越洋电报已把消息传遍美国。轮船在旧金山码头靠岸时，码头上举行了盛大的欢迎仪式，并召开了隆重的欢迎晚会。苏琳被送到许多大城市展出，所到之处无不引

起轰动。

经过激烈的竞争，芝加哥布鲁克菲尔德动物园得到了苏琳，人们像潮水一样涌向这里，最多的时候一天能达到 4 万多人，超过了该动物园的最高入园纪录。苏琳的一举一动都成为报纸的新闻，商人们争先恐后地赶制大熊猫形象的产品，时髦女郎身着大熊猫图案的泳装招摇过市，甚至一种鸡尾酒也以大熊猫为名。露丝和苏琳的故事成为畅销书并搬上了银幕。

苏琳的出现，使大熊猫从博物馆走向大众，它不仅珍稀，而且可爱，一时间成为全世界的动物明星。各西方大国竞相到中国捕捉大熊猫：从 1936 年到 1941 年，仅美国就从中国弄走了 9 只；有"熊猫王"之称的英国人丹吉尔·史密斯在 1936 年到 1938 年的 3 年间，共收购了 9 只活的大熊猫，并把其中 6 只带到了英国。

二战期间，伦敦动物园的大熊猫"明"在德机的轰炸下表现镇定，玩耍自如，成为伦敦市民心目中的战时英雄，在二战最严酷的时候，报纸仍然报道"明"的生活。

大熊猫在国外大出风头以后，在中国的地位迅速攀升。从 20 世纪 40 年代开始，政府才开始限制外国人的捕猎活动。

现今，大熊猫栖息于中国长江上游高山深谷的 6 块狭长地带，包括岷山、邛崃山、凉山、大相岭、小相岭及秦岭等几大山系，横跨川、陕、甘 3 省的 45 个县，但野外种群的 80% 以上分布于四川境内。它们活动的区域多在坳沟、山腹洼地、河谷阶地等。

特别有意思的是，大熊猫特别善于爬树。不过，它的爬树具有特别的象征意义：或临近求婚期，或逃避危险，或彼此相遇时弱者借以回避强者的一种方式。我们不知道，800 多万年来，爬树是不是大熊猫用于躲避灾害的一种特别方式，我们也不知道，在大熊猫登高望远的视界里，人类是一种怎样的存在？

无论花多少笔墨来介绍大熊猫似乎仍然不够，大熊猫的存在，不仅对四川、对中国，对世界也有着特别的意义——人类有幸能与800万年前的动物共存。

第九章

大熊猫的故乡

拥有 800 多万年生活纪录的大熊猫在历经几百万年的激情岁月和反复迁徙后，最终选择了四川作为它的主要栖息地。这是四川乃至全中国最引以为傲的世界生态标志，其中折射出的天府之国的魅力也令人驻足常思。

拥有800多万年生活纪录的大熊猫在历经几百万年的激情岁月和反复迁徙后，最终选择了四川作为它的主要栖息地。这是四川乃至全中国最引以为傲的世界生态标志，其中折射出的天府之国的魅力也令人驻足常思。

迄今为止，在中国境内发现的人类痕迹的化石，其年代不过200万年左右，远远低于大熊猫的年龄。

在四川，1986年在巫山县大庙龙坪村龙骨坡发现了距今204万年前早期人类的上内侧门齿和下颌骨，学术界称之为"巫山人"。在没有更新的考古发现前，"巫山人"化石可以理解为人类在四川最早的"足迹"。这个时间基本上和黄河流域同步。也就是说，早期人类在黄河流域出现的同时也已在四川现身，古蜀文明和中原文明从时间上几乎有可能同步出现。

事实上也正是如此，考古证实，古蜀文明与华夏文明、良渚文明并称为中国上古三大文明。

四川新石器时代文化分布相当广泛，西起川西北高原，东至长江三峡，北达秦巴山地，南及川西南地区，文化遗址和地点星罗棋布。

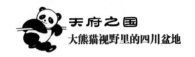

　　四川盆地北部山地的广元市中子铺营盘梁遗址，是迄今已知四川地区最早的新石器时代文化遗址，距今六七千年。北部另外一处重要遗址是绵阳边堆山遗址，不仅出土了大量石质生产工具和陶器，还发现了居住遗存，遗址年代距今 5000 ~ 4500 年。

　　峡江流域新石器文化的典型代表之一是巫山大溪文化，这里出土了极为丰富的生产工具，绝对年代距今 6000 ~ 5300 年。

　　川西北地区主要是岷江上游，新石器文化广泛分布在阿坝州的汶（川）、理、茂等县，有数十个出土地点，以茂县营盘山遗址、汶川姜维城遗址为代表，出土了大量的石器和陶器。而位于川西北高原小金河半山上的丹巴县中路乡罕额依遗址，则是大渡河上游一处重要的新时器时期文化遗址，出土了不少建筑遗迹、大量陶器和石器。

　　川东北以米仓山东段南麓的通江擂鼓寨遗址为代表，出土了大量的陶器和石器。川西南则以凉山州西昌市横栏山遗址为代表。

　　川西大渡河流域下游新石器文化以汉源最为集中，发现古遗址达十几处，距今 4000 ~ 3500 年。

　　四川新石器文化最为重要的当数成都平原新石器末叶文化，包括宝墩文化和三星堆遗址第一期文化。

　　宝墩文化得名于新津县宝墩遗址，以它为代表的成都平原史前古城遗址群，包括新津宝墩古城址、都江堰芒城古城址、温江鱼凫村古城址、郫县古城村古城址、崇州双河古城址和紫竹村古城址、大邑盐店古城址和高山古城址等数座古城遗址，均属同一文化，距今 4500 ~ 3700 年。

　　世界瞩目的广汉三星堆遗址实际上分为四期，第一期属新石器

三星堆遗址博物馆

末叶文化，第二期至四期已经属于古蜀文明发展阶段。而第一期文化面貌同宝墩文化有若干共同之处，距今 4800 ~ 4000 年。

从先秦至民国，四川的历史经历了 8 个发展阶段：

1. 新石器时代晚期为四川历史的萌芽阶段。

在距今 5000 ~ 4000 年前的中华文明起源时代，全中国的文化呈现为几个大的板块，基本上呈现出六大文化区系。在长江上游地区，以成都平原三星堆文化早期（宝墩文化）为主体所形成的古蜀文化是其中的一大板块。经过数千年的发展演变，巴蜀地区逐渐成为长江上游的古代文明中心。广汉三星堆遗址和成都金沙遗址等重大考古发现进一步表明古代巴蜀在中华文明的缔造尤其是中国西部开发史上曾发挥过非常积极和重要的作用，是中华文明的重要起源地，是中国古代文明的重要组成部分。

实际上，在战国以前的历史文献里，巴与蜀是分称的。到战国时代的文献中，才开始出现巴蜀合称的记载，这从地域相连的角度

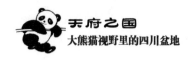
反映了巴文化与蜀文化两大群体的融合。

从广义上说，巴作为地域名称，它的涵盖面相当广阔，不但拥有包括长江三峡在内的川东鄂西地区，还北达陕南汉中之地，包括嘉陵江和汉水上游大部地区，又南及黔涪之地，包括黔中和湘西地区。由于这一大片地域通称为巴，所以世代居息繁衍在这块土地上的各个古族也被统称为巴，并由此派生出巴人、巴国、巴文化等概念。因此，从这个意义上看，巴这个名称包含有地、族、人、国、文化等多层次的复杂内涵，而蜀也同样是一个包含着地、人、族、国、文化等多层次内涵的复合性概念。在夏商之际，除岷江上游的蜀山氏之外，在四川盆地西部平原和汉中平原等地，还有先后并存于世而相互争雄的古蜀五祖蚕丛、柏灌、鱼凫以及杜宇、开明五代。他们族群不同，活动地域有异，却都通称为蜀。

综上所述，古巴蜀地域范围指的是古三巴和古三蜀的地理范围及其周边"与巴蜀通俗"的地区，统称为古巴蜀文化区。具体范围是以四川盆地为中心，兼及周边地区而风俗略同的稳定的地域共同体。它的腹心地区大致与今日四川省和重庆市的范围相当，还包括汉中盆地、黔涪高原、鄂西南和湘西山地等"与巴蜀同俗"的地区。

2.夏商周时期为巴蜀古代文明起源形成并达到第一鼎盛阶段。

在中原大地的夏商周时代，以成都平原为中心的三星堆文化、十二桥文化（含金沙遗址文化）达到古蜀文明的繁荣与全盛阶段，它与中原文明平行发展，同步演进，取得了巨大的进步。春秋战国时代，巴蜀文明不仅高度发展了礼乐文化，它巨大的文明辐射力对于西南地区青铜文化的进步产生了重要的影响和作用，同时还将其影响力扩展到东南亚和南亚地区。

3. 秦汉时期为巴蜀经济文化转型，全面融入华夏文化并达到第二次鼎盛阶段。

战国末期秦统一巴蜀以后，秦汉王朝对巴蜀地区采取了人口移民、水利改造、农业生产方式和农具、民俗等多方融合和变革，巴蜀文化逐步转型，成为秦汉文化的一支重要地域亚文化，同时后来居上，迅速攀上汉文化的高峰。成都在战国末期时初露头角，到西汉时已成为仅次于京师长安的全国第二大城市，东汉时成都成为全国六大都市之一，是长江流域和西部地区唯一的中心城市，长期发挥着组织区域经济和辐射西南地区的重要作用。东汉末年汉魏之际更是组建了蜀汉王朝，与占据中原的魏和占据东南的吴呈鼎立之势。这一时期，西蜀地区在传统文化的基础上，创立了道教，成都平原成为中国道教的重要发祥地，天师道成为全国道教的主干，形成中古时期四川文化的一个突出特色，在全国产生了重大影响。道教也成为中国大地上形成的最重要的本土宗教。

4. 魏晋南北朝时期为四川发展的第一个低谷阶段。

魏晋六朝之际，不少割据政权分别统治四川，导致四川政区建置变动频繁，难以系统地、持久地、大规模地组织生产，进而导致经济文化大幅度后退，但民族交流与融合却成为这一阶段的主要潮流。这在一定程度上为四川的多元文化注入了新的内容。

5. 唐宋时期为四川历史上第三次鼎盛并达到高峰阶段。

隋唐五代时期，四川地区长期相对稳定。这一时期，随着全国大批文化名人入蜀，四川成为唐代全国文学最繁荣的地区之一，而四川的经济文化在这个时期也走在全国的前列，在中国的经济文化史上占有十分显要的地位。随着唐玄宗和唐僖宗两位唐皇的先后入

蜀，四川的政治地位和军事战略地位也随之上升，成为全国瞩目的战略要地。

宋代四川经济高度繁荣，达到了古代的高峰，特别是南部丝绸之路在此时也达到鼎盛时期，文化上文学、史学、哲学名家辈出，经济上出现了全世界最早的纸币"交子"，这项创新不论在中国经济史还是中国文化史上都占有非常重要的地位，特别是由于南宋四川抗蒙（元）的英勇战斗，大大延缓了蒙古大军西侵欧洲的步伐，对世界历史产生了不可忽视的作用，进而也极大提升了四川的军事战略地位。

6.元明时期为四川历史的第二个低谷阶段。

宋元之际四川遭遇战争蹂躏长达50多年，文明急剧衰落，文物毁灭殆尽。明代四川在恢复的基础上有所发展，但明末全国战乱，四川大受摧残，人口锐减，土地大量荒芜，赤地千里，经济文化一落千丈。

7.清代为四川历史重新走向鼎盛并逐步开始向近代化转化的阶段。

清初，全国十多个省的大批移民来到四川，在人口逐步恢复的同时也给四川的经济文化注入了新的活力。清代四川文化丰富多彩，涌现出很多文、史、哲名家，在海内外享有极高的声誉。而四川的保路运动，实际上打响了辛亥革命的第一枪，"引起中华革命先"（朱德《辛亥革命杂咏》），在全国产生了巨大影响。

8.民国时期为四川历史发展的重要阶段。

民国时期，四川不论在政治、经济还是文化方面都发生了重要变化，在新文化运动、二次革命、护国战争、护法战争尤其是红军长征和抗日战争中，四川都做出了极其重要的贡献。

从几千年的文明进程看，四川的历史文化并不是线性发展，而是在曲折中发展演变，主要特点表现为"四盛三衰"：先秦、秦汉、唐宋、清代是四个高峰，这一高光时刻基本上和黄河流域北方中原政权的高峰时刻相吻合。魏晋六朝之际、元明交替之际、明清交替之际是三个低谷，低谷时期大都伴随着北方政权的衰落与全国性的动荡。而从整体历史进程看，四川在大多历史时段处于相对安宁而经济文化繁荣发展的时期，历史上四川之所以能够以天府之国、人杰地灵闻名于世，其根本原因正在于此。

先秦时期，巴国、蜀国是西南地区的大国，拥有较为广阔的疆土。公元前316年，秦国吞并巴蜀后，将巴、蜀分别置为巴郡和蜀郡，不久又分巴、蜀置汉中郡。

汉高祖六年（前201）从蜀郡中分置出广汉郡。汉武帝元封五年（前106）全国分置13州刺史部，四川属益州刺史部，简称益州。今四川地区益州之名就是从这时候叫起的。四川在西汉时期总计有6郡56县。

西汉之后，四川辖区屡有变动，但大体上都包括了今四川和重庆两个区域。经过1000多年的演变，最终形成了"四川"的概念。

从巴、蜀分立到"巴蜀"合称再到"益州"再到"四川"直至今日的四川省和重庆市，巴蜀大地的建置和行政沿革演变甚多，经历了漫长的过程。

《华阳国志·巴志》里记述巴地的范围是：东起今重庆奉节，西至今四川宜宾，北接今陕西汉中，南达今渝东南、黔东北以及湘西部分地区。这其实是将巴国在不同时期所先后占有的版图与巴地

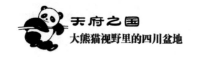
的范围合在一起加以总述的。

《华阳国志·蜀志》对蜀国疆土的记载是：西周到春秋时期，蜀疆北达今陕西汉中，南抵今四川青神县，西到今四川芦山、天全，东至今嘉陵江，而以岷山和南中（今凉山州、宜宾以及云南、贵州）为附庸。到战国时代，蜀王国疆域"东接于巴，南接于越，北与秦分，西奄峨嶓"，成为中国西南首屈一指的大国。

需要特别指出的是，《华阳国志》所记地区为《禹贡》九州之梁州，其地因在华山之阳、汉水之南而得名"华阳"。它记载了公元4世纪中叶以前，今四川、重庆、云南、贵州以及甘肃、陕西、湖北部分地区的历史、地理，是研究古代西南地方史和西南少数民族史以及蜀汉、成汉史的重要史料。

梁州，是《禹贡》古九州之一，代指陕西、四川盆地、汉中及部分云贵地区。

《华阳国志》的作者常璩是四川崇州市人，他曾在李雄、李特建立的成汉政权担任散骑常侍掌著作。成汉灭亡后，常璩加入东晋政权，却受到东晋士族的轻视，因此专于修史，撰成《华阳国志》。

《华阳国志》全书十二卷，其中巴志、汉中志、蜀记、南中记专门讲述巴蜀大地的历史、地理概况，是中国现存最早、最完整的一部地方志。

常璩写这本书的时间是公元347年桓温伐蜀后，距三国蜀汉灭亡时间不过80多年，此时的巴蜀大地只有巴、蜀、益州的概念，四川一词尚未出现。

"四川"这个称呼最早出现在唐代。早在大周武则天时，蜀中名士陈子昂在上疏表中已把这一地域称为"蜀川"。唐代四川地域内分别在剑南西川道和剑南东川道置节度使，故时人习惯把两道合称为"两川"。

到两宋时，正式出现了"四川"这个名称。

宋代在四川地域先是设西川路和峡西路。后把又把二路合并起来，再分为四路，包括成都府路（初名"益州路"）、梓州路（曾改名"潼川府路"）、利州路和夔州路，总称"川峡四路"，其职责为代表中央，"一路之事，无所不包"，故又简称为"四川路"，这是"四川"一名用于行政区划代称的开始。

北宋政和元年（1111）五月，宋徽宗诏书中就正式使用了"四川"一词："诏四川羡余钱物归左藏库。"这是"四川"一名最早的出处。后来，设"四川宣抚使""四川制置使""四川提举茶马司""行四川民事"等官，就是中央派驻川峡四路管理民事（包括宣抚、漕粮转运、茶马贸易等）的官员，均简称为"四川"。

元代中央行政机构叫"中书省"，各地的地方行政机构就叫做"行中书省"。这个名称的含义是指执行中书省的行政命令，故又简称"行省"。1286 年，正式建置"四川等处行中书省"，简称"四川行省"，再简为"四川省"，从此"四川"一名沿用至今。

元代以后，四川行政区划几经调整，1939 年曾将四川省分为四川和西康两省，1955 年西康省撤销，除金沙江以西划归西藏外，全部并入四川。1997 年行政区域调整，又将四川分为四川省和重庆市。行政区域虽几经变化，但"四川"一名一直保留下来，至今已有 1000 多年。

曾经有人认为，"四川"一名与四川境内的河流有关。其实，"川"是四川人对境内大江大河的称呼。众水"汇合众流"而成为大川，

故称为"川"，江水即长江，也就被称为"川江"。"川"是指众多小水汇合成为大江这种特征。唐代人认为剑南道的特征就是有四条"大川"，指岷江、涪江、雒水（今沱江）、西汉水（嘉陵江）。"四川"的得名与人们意识中的四条江确有一定的关系，由此而引申出"四川"这个概念来。但在唐代，这个称呼还没固定，还未得到人们的认同。所以"四川"究竟指哪四条江，一直没有共识。这些说法各不相同，反而证明了"四川"不是因四条江而得名，而倒是因为先有"四川"之名而后再来寻找这四条江名的。

"四川"一名经历了上述历史演变的过程，有多种来源，是四川人多元化文化心理的表现，所有这些文化、经济、地理等因素综合起来，复合兼容而形成"四川"这个概念。

从横向空间布局脉络发展看，因四川盆地的特殊地势和历史发展的积淀，四川地域文化形成以盆底汉族为主体的巴蜀文化，与盆周（包括横断山脉）少数民族为主体的巴蜀文化相结合的空间布局。

汉族的巴蜀文化主要集中在四川盆地的盆底区域，并以它为中心，辐射盆底四周，连接横断山脉、青藏高原和云贵高原区域的少数民族文化。西部横断山脉直下川西南大裂谷，则是藏、羌、彝民族文化迁徙和交流的走廊。

四川是全国最大的彝族聚居区，第二大藏族聚居区和唯一的羌族自治县所在地，有 14 个世居少数民族，民族风情浓郁而独特。奇异的民族风情、绚丽多彩的民族服饰、各式各样的民族建筑、各具特色的民族节日，无不充满了民族文化的独特内涵，具有突出的审美价值。

大凉山彝族每年一度的火把节，甘孜州的康巴文化，阿坝州的

横断山脉

嘉绒藏文化，泸沽湖摩梭人的母系文化，"最后的香格里拉"香城、稻城、亚丁的生态文化，诸种高品位文化资源富集四川地域，这是数千年来巴蜀文化绵延演变的硕果。

从纵向空间发展脉络看，巴蜀文化是伴水而生的文化，它的山水生态文化独具特色，它以江源文明为主线，以岷江水系、嘉陵江水系、涪江水系以及金沙江水系为文化走廊，形成扇形辐射状文化通道，将盆底文明与盆周文明紧密联系，形成巴蜀文明的天然共同体。

其中，岷江水系基本上是蜀人所居的三蜀文化区，嘉陵江流域基本上是巴人所居的"三巴"文化区，沱江流域是蜀人巴人文化共居区，金沙江流域则自古就是民族走廊文化区，至今仍是四川多民族聚居和杂居之地。

总的来看，四川地域文化的空间布局是围绕着盆底汉族巴蜀文化这根主线，形成以主体核心并兼容四方、开放性强的 14 个世居民族特色文化和谐共融的分布格局。

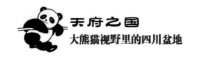

　　巴蜀文化是开放和封闭的结合体。巴蜀文化从岷山林箐起源，发展到成都平原和四川盆地，经过几千年历史文化的积累，形成了特色鲜明的巴蜀城市社会和乡村社会的文明。它具有生活方式的静穆与灵动、封闭与开放相结合的两重性：一方面，巴蜀文化是诞生和发展于农业社会时期的静谧文化，如同中华传统农耕文明一样，具有相当的封闭性；另一方面，巴蜀地区因为水利的发达、河网的密布、栈道和笮桥的"无所不通"，形成古典城市工商业、贸易的繁华与兴盛。所以，它又有着充满活力的古典工商城市的动态文化，有着强烈的冲出盆地、开放市场、探险合作的欲望。这种动与静的结合，封闭中有开放途径（如西南丝绸之路和栈道向外的拓展和交流）和开放下的封闭坚守心态（如成都城名 2000 年不变，城址 3000 年不迁）的结合，就是巴蜀文化的根本心态，也是巴蜀文化最鲜明的个性。

　　巴蜀文化在发展过程中伴随它最久的显然是传统的农耕文明。几千年来，它逐步形成了"士民之庶，物力之饶，甲乎天下""其物产富力，实已为中国之冠"的优越的"天府"生产模式和"俗不愁苦，人多工巧"的闲适生活方式，因巴蜀农耕时代悠长，这种生产方式和生活方式就成为巴蜀文脉的基本性质及其展现面貌的决定性因素。直到进入今天的工业社会和信息社会后，农耕文明这一决定性因素依然对巴蜀的城乡建设与生态人文环境，甚至对巴蜀人的心理状态、思维方式、社会习俗和人情世态起着极大的作用。

　　江源文明也是巴蜀文化独有的特征。岷江是古蜀人最早开发的经济文化区域，古称"江源"（在明代以前很长的一段时间里曾被认为是长江的源头），为江、河、淮、济"四渎"之首。蜀人整治岷江经历了大禹治水、鳖灵凿金堂峡、李冰建都江堰与开二江、文翁开湔江、诸葛亮治理都江堰、高骈改道府河与筑罗城工程等六大阶段（其中以李冰治水最为突出，李冰甚至被后人尊为"川主"而永久性地纪念），从而以"江源"为源头，发展出如诗如画的巴蜀文明。这和中原的治水文明同出一辙。

仙源宗教文明也是巴蜀文明最显著的特征，并且对中国传统文化有自己独特的贡献。从道教之源看，神仙说最早起源于古蜀。古四川是仙源故乡。传说中的古蜀三王蚕丛、柏灌、鱼凫"皆得仙道"，杜宇和开明二帝曾魂化为飞仙的杜鹃与升天的开明兽。这种羽化飞仙的传说，正好同三星堆与金沙遗址出土的 3000 年前的鹰头杜鹃、人身鸟足、人面鸟身等青铜像和玉琮线刻羽人像、太阳神鸟金箔等遗物所显示的羽仙信仰相印证。这是巴蜀大地神仙说的渊源，它衍化为道教的昆仑仙宗，成为道教仙学的核心，是道教创立的基础。

蜀文化重仙，巴文化重鬼，这是古巴蜀文化极富想象力的特征。东汉张陵的天师正一道，就是在古蜀仙道的基础上创立的。西蜀是道教的诞生地，古人甚至有"天数在蜀"与"易学在蜀"的说法。春秋时，资州人苌弘涉猎广泛，通晓历数、天文，曾为孔子的老师，汉代阆中落下闳，唐有李淳风、袁天罡等，都属一代大师，为时人世人所称道。

历法、卜算、阴阳之学，是古蜀最早的学问。"易学在蜀"，这是宋代理学家程颐的话，称赞四川的易学传承有独到特色，连贩夫走卒都懂《易经》。此外，汉代严君平、扬雄的"太玄学"和晋代范长生的"蜀才易"，唐代李鼎祚的《周易集解》，明代来知德的象数易学都在蜀地有极大的影响。

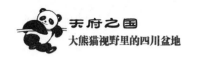
从人文领域看，"西蜀自古出文宗""吾蜀檀宗匠，天地有大文"。由西汉赋圣司马相如开其端，后有扬雄，唐代文宗陈子昂、诗仙李白、诗圣杜甫，宋代"文章独步天下"的苏轼、剑南诗宗陆游，明代文坛宗匠杨慎，清代瀚海百科李调元，性灵南宗张问陶，直到现代文化巨人郭沫若、巴金。这些文坛宗主多出于蜀，或虽不是蜀人，却是巴山蜀水与文化熏陶而成就的"天下第一秀才"。

人文氛围浓厚是巴蜀文化的又一特征，相比于其他地域，巴蜀的文化、文明呈现出全面而深刻的特征。而浓厚的人文氛围背后，是巴蜀大地独特的地形地貌和独特的气候。

巴蜀境域以今四川省而论，大致可分为东部亚热带湿润气候和西部高原冬干夏雨气候两大类型。

盆地东部四面环山，冬季寒潮不易侵入，夏季熏风现象显著，具有冬暖、夏热、春旱，无霜期长、雨量充沛、湿度大、雾多、日照少、秋季多绵雨的特点。雅安一带是全省雨量最多的区域，有"雨城"之称。"西蜀天漏"就是形容盆地多雨的特征。

巴蜀尤其多夜雨，所以经常引发诗人多写夜雨的作品，其描写雨夜的诗歌数量当推蜀中第一。宋玉曾在《高唐赋》中吟咏巫山神女朝云暮雨的故事，说明2000多年前蜀中的气候就有"秋夜多雨"的特征。

巴蜀天气，往往白日皎皎，入晚犹星月灿然，至午夜梦回，忽檐头淅沥，西窗惊梦，夜雨灯昏，足使羁旅之人触景生情，不能自已而心生浩叹。其中最有名的诗要数唐代李商隐的《夜雨寄北》："君问归期未有期，巴山夜雨涨秋池。何当共剪西窗烛，却话巴山夜雨时。"一首七绝寥寥28字，两度复述"巴山夜雨"，可见涨秋池的气候给诗人印象之深。

关于巴蜀夜雨，还有一个唐玄宗创作《雨霖铃曲》的故事。《明皇杂录》上说：天宝十五年（756）八月，唐明皇逃蜀，越过秦岭进入褒斜道，霖雨兼旬，于栈道中，听到铃声与雨声相呼应，明皇想念贵妃，遂采雨铃之声，作《雨霖铃曲》。这个故事也从侧面证明了蜀地秋雨夜落连绵不断的事实。"西蜀天漏"一名，也是因雅安秋雨最多，"秋林近漏天"而得名。

上面的例证说明一个事实：地域文化在很大程度上受该地域气候和地形的影响，甚至成为决定性的因素。

从物质文化层面讲，巴蜀地区有以下几大特征：

食在巴蜀。川菜是中国最著名的四大地方风味之一，历史悠久，至今已遍布全球。从一定意义上说，四川人口的迁移、独特的物产，蜀中的游宴之风、工商业发达等因素对川菜的形成、发展起到了非常重要的作用。随着川菜进入大众视野，川酒和川茶也成为巴蜀餐饮文化的重要附着物。

穿在巴蜀。蜀锦和蜀绣自古以来就名扬全国。巴蜀地区的蚕丝和丝织品生产已有数千年的历史。蜀锦在西汉时期已名闻天下，远销四方。而蜀绣作为一种民间艺术，也有悠久的历史，成都就是蜀绣的发祥地。蜀锦和蜀绣一起不仅成为南部丝绸之路的主要贸易产品，而且很好地诠释了巴蜀的服饰文化。

住在巴蜀。巴蜀地区巢居建筑文化独具特色。在中国巢居文化发源地中，以古江源的石室碉楼和巴蜀地域的巢居文化最有特色，源远流长，绵亘数千年之久，且发展序列清晰，既有干栏—楼居系统，又有邛笼—石碉系统（今岷山藏羌碉楼即其遗风），除此之外还有

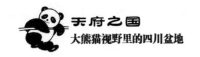

彝族木屋和土家吊脚楼。所有这些都构成了巴蜀地区源远流长的"住"文化。

以上"吃、穿、住"的背后是以梯田和林盘为特征的农耕人居文化。梯田主要是巴人山区农耕文化的特色，林盘则主要是蜀人川西平原人居的特色。在此基础上，巴蜀又逐渐形成以栈道与笮桥为特征的交通文化。

四川方言。巴蜀是个移民频繁的地域，经过上千年的融合演变，巴蜀大地逐步形成了时至今日的方言、剧种和民俗风尚。

元末明初和清代前期的移民入川，对今天四川方言的形成起到决定性作用。

有学者曾经对重庆、合川、南溪、广安的58份族谱进行研究，发现清以前入川的118户中，湖广籍占85户，其中又有65户为麻城籍。清代前期大规模移民入川高潮中，湖广籍人多，被称为"湖广填四川"。这样，以湖北话为基础，融合了原来的四川话以及其他入川移民尤其是陕西等地的原籍方言，逐步形成今天的四川方言。四川方言以成都话为标准，即所谓四川官话。在四川方言区内，又包括许多大体近似又有所差异的地点方言，这些地点方言，均与入川移民的原籍方言有着千丝万缕的联系。四川官话大约在明代即开始形成，经过长期发展演变，到清代基本定型。除四川方言外，由于一些入川移民世代同籍而居，或同族而居，其原籍方言变化较小，基本上被完整保留下来，从而在四川方言区内形成了所谓的"语言岛"，如客家方言、湘方言等。

川剧。清代，随着大批外省移民的入川，各地戏剧艺术也相继涌入四川，江苏的昆曲、陕西的秦腔、安徽的徽调等与川剧和四川

川剧变脸

灯戏由并存发展到逐渐融合，最终在晚清时形成"昆、高、胡、弹、灯"多声腔的近代川剧。

昆曲于康熙二年（1663）进入四川。其入川最直接的原因是当时的四川总督为江苏人，大力提倡昆曲。据《蜀伶杂志》记载，江苏昆曲于康熙二年首次来蜀，寓成都江南馆合和殿内。

秦腔入川年代已不可考，戏曲史家普遍认为早于昆曲。秦腔最初在陕西会馆演出，后来走出会馆到四川一些州县演出。

徽调入川也是清前期的事。徽调的器乐是胡琴，用胡琴伴奏演唱西皮调。乾隆年间已有《锦城竹枝词》里唱胡琴戏的记载。

川剧初步形成于清康熙后期至雍正年间。大约在乾隆、嘉庆年间，在四川境内流传的昆曲、梆子、皮黄等各声腔戏班基本上完成了"四川化"的演变，逐渐向高腔戏班合流，多种声腔在高腔锣鼓的伴奏中形成了统一的剧种风格，并进入兴盛发展时期，逐渐向邻近的云南、贵州发展。

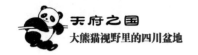
川剧的形成、发展过程，在一定程度上体现了四川移民社会思想文化、民风民俗的形成过程。四川民众的性格气质和精神风貌在数以千计的川剧剧目中得以充分彰显，对明清以来巴蜀文化研究具有历史学、社会学及文化学等方面的重要价值。

数百年来，川剧积累了6000余个剧目，南戏北曲、明清传奇及地方戏中古老剧种如梆子、皮黄的经典剧目，大多在川剧中得以传承。

川剧具有文学性强、刻画人物精准生动的传统，最具代表性的当推晚清翰林院大学士赵熙根据《焚香记》改编的《情探》一剧。如"更阑静，夜色衰，明月如水浸楼台，透出了凄风一派"的唱词，准确地表达了主人公王魁虽入赘相府，却终日为有负桂英而彷徨无奈的压抑心情，深受文学界的推崇。

汪曾祺先生在《川剧》一文中说："川剧文学性高，像'月明如水浸楼台'这样的唱词在别的剧种里是找不出来的。"他还说："川剧喜剧多，而且品位极高，是真正的喜剧。"

根据四川自然地域的划分，川剧的艺术流派以"四条河道"为代表，习称"川西坝""资阳河""川北河""下川东"，各条河道主要以擅长的声腔、代表剧目或表演不同为特点，如"资阳河"擅长高腔戏，"川西坝"擅长胡琴戏，"川北河"长于弹戏，但同时也能演出各种声腔剧目。

川剧分小生、旦角、花脸、生角、丑角5个行当，这些行当类别分别有各自的表演程式和形式规范。数十年来，川剧艺人整理出小生、旦角、丑角、花脸基本程式技法各十余套，如川剧的"百字指语"，通过如"风云雷雨雪、草木鸟花香、你来我去转"等百字表演口诀，将古代社会生活中的人物指代、自然物态、行为动作等规范为一套表演程式动作，形象而准确，成为中国戏曲表演的重要组成部分。川剧擅长特技绝活的运用，如川剧艺人创造的变脸、藏刀、牵眼线、飞褶子、耍靴子等特技和手法，皆能根据表达剧情和塑造人物的需要，在剧中巧妙运用，别开生面。川剧的变脸被称为中华一绝，因其想象奇特、技艺杰出、制作精巧、表现夸张且符合戏剧人物情绪瞬间变化，为国内外观众津津乐道。

除川剧外，四川还有皮影戏、木偶戏、曲艺、巴渝舞、川江号子、薅草锣鼓、南坪小调等特色文化遗产。

四川是个移民大省，从秦国征服巴蜀开始，外省移民便纷至沓来。不同时代的移民特别是明末清初的移民入川引起巴蜀文化中一些风俗时尚的流变。成百万外省移民涌入四川各地，入川之后仍长期保持着原籍的风俗时尚，因而使四川文化经常出现异彩纷呈的景象。经过各省移民和四川土著之间的长期文化交流，一些风俗时尚消失了，而另一些风俗时尚则在各自发展变化的进程中演化为多元一体，由此形成了巴蜀文化的多样化结构。正是这一多样化发展演化的结构，对近代巴蜀文化产生了直接的决定性影响。

据民国时期《泸县志》记载："自外省移实者，十之六七为湖广籍，广西、江西、福建次之"，经过若干代的文化传承和演变，直到民国时期"其习性俗尚虽熔铸混合，其本俗固保存不废，尚可得而辩焉。大抵属湖广者常信巫觋，以楚俗尚鬼也；属广东者趋利益好争夺，以粤俗喜斗也；属江西、福建者乐转徙善懋迁，以赣、闽滨江临海利交通也"，这段话清晰地表达了入川各省移民的风俗及性格特点，而这几种风俗在很大程度上对巴蜀本土习性产生了一

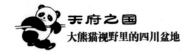
定的影响。

历史上成都平原的民风民俗多尚游乐，《宋史》曾记载的"蜀俗奢侈，好游荡，民无赢余，悉市酒肉为声技乐"，其实蜀地在汉、唐、宋均是如此，到了清代这种风俗习惯依然未变。

清代诗人曾写诗描写当时的川西风俗："驷马桥边旁客地，碧鸡坊外斗鸡地""邻姑昨夜嫁儿家，会宴今朝斗丽华。酣酒醉归忘路远，布裙牛背夕阳斜。"这些都是古老川西民风的传承。

巴渝地区和西蜀风俗略有不同，巴渝地区历来民风朴实，"俗素朴，无造次辨丽之气""姿态敦重""其人性质直"，此俗自先秦而然，至宋代亦大体不变。到清代，由于外省移民大批涌入，使得重庆的经济结构呈多样化发展，尤其商业发展极为迅速，大大影响并改变了巴渝文化的民风。

据道光年间《重庆府志》记述："乾隆初，（重庆）士庶家不轻衣帛，后商家以奢侈相尚，人皆效尤"，表明在商业的引导下，重庆士庶在住宅、器具、服饰等方面追求富丽豪华。此举可以作为巴渝地区文化流变的显著例子。但是巴渝文化中的质直习性，仍然作为川东民风的显著特征传承下来，直至近现代。

在节庆方面，随着外省移民的大批涌入，巴蜀的一些传统节庆消失了，一些新的节庆却兴起了。如宋代每逢初一，成都人必持小彩幡游安福寺塔，此节庆之俗到清代已不再见诸记载。成都正月的上元节灯会，从宋代至清代也有较多内容上的变化，如以前昭觉寺灯火最盛，清代则演变为"子弟巧扮女妆，携灯唱采茶，或童稚作傀儡，扮各色故事"的闹元宵。而二月成都花会则在清时兴起。其他诸多节庆，在形式、内容上亦多有传承流变，一般而言，都比以往规模更大、内容更丰富。

至清末民初，巴蜀风俗时尚的流变是多种多样的，但在许多方面，仍然具有古老巴蜀文化的遗风。例如在祭祀信仰方面，从古时传承下来的灌水神、二郎神、马头娘、金马碧鸡神等，均基本完整传承至今而未作改变。蜀人修建祠庙的文化传统几百年来也没有改变，反而继承发展，且蜀中各地皆是如此。这是传统巴蜀文化对于外省移民后代累世浸润熏陶、潜移默化的结果。因而也使移民后代不但在籍别上而且在文化上也真正地成为新一代四川人。

复杂多变的气候，雄、险、幽、秀的地貌，不断融合的移民，经过千百年的融合，造就了巴蜀地区卓越的文化，它不仅为中国文明做出了杰出的贡献，有很多还产生了世界级的影响。

根据最新的考古实证，可以得出这样的结论：技术文明、艺术文明、中外古文明交流互鉴，堪称古蜀文明的三面旗帜。

三星堆文化独步天下的青铜合金及青铜器制作技术，凸显其独创的技术文明，在若干方面处于商代冶金工业的先进行列；而三星堆文化独特的青铜雕像艺术，更是在商代中国范围内绝无仅有，具有极高的历史、科学和艺术价值，堪称旷世珍品；三星堆青铜雕像、金面罩和金杖等文化形式，以及大批海贝和象牙，则是中外古文明交流互鉴的重要成果，证实了以三星堆为代表的古蜀文明是中国最早的世界文明窗口之一。

巴蜀教育以四个亮点闻名于世。

文翁兴学。西汉景帝、武帝年间，蜀郡太守、公学始祖文翁在蜀兴学，蜀地风气为之大变，史书称誉说："蜀地学于京师者比齐、鲁焉。"文翁在蜀兴办学校，开全国地方官办学校的风气之先。

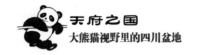
到汉武帝时，朝廷在全国推广文翁的做法，下令天下各郡国建立官办学校。蜀地由此也成为全国官办学校的首创之地。而文翁创办的文翁石室也成为中国乃至世界上第一所地方官办学校，是全世界唯一一所连续办学 2000 多年未有中断、未曾迁址的学校（今成都石室中学的前身）。文翁兴学不但首开蜀地的风雅学风还泽被后世。文翁有个后代叫文天祥，在南宋理宗宝祐四年（1256），以 21 岁的年龄高中进士第一，成为当朝状元，官至右丞相兼枢密使，后从容就义。他在《过零丁洋》中所写的"人生自古谁无死，留取丹心照汗青"，气势磅礴，激励了后世众多为理想而奋斗的仁人志士。而文翁石室在前后 2000 多年中也先后培养了汉代学者司马相如和当代学者郭沫若以及近十位中国科学院和中国工程院院士。

署石经。四川出土的汉代石刻画像中有文翁讲学图，公元994年，后蜀孟昶用 8 年时间，用石数千块，先后刻成《孝经》《论语》《尔雅》《毛诗》《礼记》《仪礼》《周易》《尚书》《周礼》《左传》，立于益州州学（文翁石室故址），史称"孟蜀石经"。石经不但镌刻经文，而且用双行小字镌刻注文，比之汉、魏、唐石经，内容更丰富，价值更大。至北宋时，又补刻《公羊传》《孟子》等"五经"，同样置于石室旧址。这样，石室内的石经共有 15 部，统称为"蜀石经"。这是我国古代规模最大和唯一有注文的儒家经典石经，对于经学的保存、传播和弘扬，起到了重要作用。

宋代书院。宋代四川书院盛极一时。在众多书院中，鹤山书院最负盛名，由著名理学家蒲江人魏了翁在蒲江城北大鹤山创办，宋理宗亲赐御书"鹤山书院"四个大字，以表其功。宋代巴蜀学者魏了翁等到湖南讲学，对开创湖湘学派起到了重要作用。

鹤山书院

　　高等教育。光绪二十八年（1902），尊经书院与锦江书院合并为四川省城高等学堂，这是四川高等教育的起点，也是四川大学的前身。高等学堂除学习中国传统文化典籍外，还学习声光电格致之学，开始了由书院向新学的转化。

　　以上接续传承的四个亮点使得四川教育千百年来闻名于世。

　　汉代儒学和道学。汉代蜀中大儒扬雄著有《太玄》，其哲学思想在中国古代思想史上占有重要地位；汉代成都人严君平著有《老子注》两卷，《老子指归》十四卷，后者被称为"道书之宗"。严君平是将老子之道与方术给合起来的第一人，对道家的发展和巴蜀道教的形成产生了很大影响。

　　宋代理学。宋代四川文化发达，涌现出不少理学大师，撰写了大量理学著作，影响所及，遍于全国，在中国哲学史上占有相当地位。四川理学代表人物主要有张行成、张栻、魏了翁等人，而陈抟则堪称先驱。

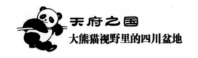
巴蜀地区在科技方面成绩显著，是中华科技文明的重要组成部分。其主要体现在以下 7 个方面：

1. 都江堰水利工程技术

李冰治蜀时，为解决成都平原的防洪和灌溉，兴建了都江堰渠首系统工程，极大地促进了成都平原的经济进步和交通发展。

2. 盐井钻井技术

历史记载中，中国最早的盐井开凿于巴蜀。据《华阳国志·蜀志》记载，李冰为蜀守时，"穿广都盐井"，首创了开凿盐井取卤制盐的工业。

道光十五年（1835）自贡钻出深度为 1001.42 米的燊海井，是当时世界上第一口超千米的深井。与同时期的西方相比，燊海井技术走在了世界前列。

3. 蜀锦和蜀茶

四川是中国丝绸的主要起源地之一。早在公元前 2000 年左右，四川的丝绸织造已达到成熟的水平，到战国秦汉时期更是得到巨大的发展，尤其以色彩鲜艳、独产于四川的"蜀锦"驰名中外，其品质优良、工艺极佳，名列中国四大名锦之首。战国、汉、唐、宋时期，蜀锦充任了中国与海外文化交流的使者，对中华文明的对外传播起到了积极的推动作用。

四川是中国茶叶栽培的发源地，秦并巴蜀以后，四川的茶叶栽培和饮茶习俗才传播到中国各地，以后又向国外传播。

4. 天然气的发现和使用

巴蜀地区是史籍所载中国最早发现和使用天然气的地区。至迟在西汉，巴蜀地区就已经发现并使用天然气。扬雄的《蜀都赋》、左思的《蜀都赋》、张华的《博物记》、常璩的《华阳国志》等文献中均记载了临邛（今四川邛崃）取用"火井"即天然气的情况，为中国天然气的发现和使用历史留下了宝贵的资料。时至今日，四川仍是我国天然气开发和利用的重要省份。

5. 天文学

历史文献中有"天数在蜀"的说法，盛赞巴蜀天文学成果丰富，天文学家众多。在四川众多文化领域中，天文学无疑是最耀眼的存在，长期引领国内先进水平，很多影响是世界级的。

四川是农业大省，农耕文明源远流长，对天文学的重视也异乎寻常，古文献中记载的巴蜀天文学家及其贡献主要有：

落下闳，巴郡阆中人。汉武帝时，由太史令司马迁主持改革历法，延请落下闳参加改历工作，并由他负责新历的运算。《太初历》是我国历史上第一部较完整、成系统的历法，也是当时世界上最先进的历法，在天文学上具有划时代的意义。《太初历》首次使用落下闳首创的连分数推算历法，较之西方早1600年。落下闳在创制《太初历》的过程中，为了观测天体，还制造了浑天仪，对中国天文历法学做出了重要贡献。

梁令瓒，唐代巴蜀杰出的制造家，在开元九年（721）创制出黄道游仪，通过对日月五星的观测，正确推算出日月的运行规律。僧一行就是利用这台仪器，确定了一系列重要的天文数据。梁令瓒还和僧一行合作，研制出水运浑天仪。

张思训，四川巴中人，宋代最著名的天文学家。他设计了浑天仪图，对浑天仪进行了重大革新，在动力、机械计时器两方面大加创新，不但保证了浑天仪在一年四季都能正常运转，为报时、定节

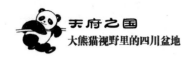
气、制历的准确性提供了科学保障，还为古代最先进的"苏颂浑仪"的制造创造了条件，奠定了基础，对古代天文学的发展做出了独特的贡献。

黄裳，隆庆府普城（今四川广元剑阁）人，在天文绘图方面成绩卓越。他于1010年绘制的《天文图》，是北宋第四次观察恒星的结果。1247年，《天文图》被摹刻在苏州文庙的石碑上。《天文图》是现已发现的最准确的古星图，受到世界众多科学家的高度重视，已被译成英、法、德、俄、日等文字。

6. 数学

宋元时期，中国数学发展十分迅速，在传统数学领域取得了重大成就。在宋元四大数学家中，四川安岳人秦九韶最为杰出。秦九韶于1247年完成数学名著《数书九章》18卷，其中的"大衍求一术"（即一次联立同余式解法）和高次方程的数值解法，是他最杰出的贡献。"大衍求一术"被欧美的整数论者称之为"中国的剩余定理"，这个定理比欧洲早了整整500年。他的任意高次方程的数值解法，比欧洲的相同发明早600年。秦九韶以他卓越的数学成就，成为中国古代数学史以至世界中世纪数学史上杰出人物之一。

7. 医药学

自古以来，四川都是中国的人口大省，巴蜀大地人口稠密的原因除了有发达的经济外，还和巴蜀地域发达的医药学有关。

巴蜀大地的产科非常发达。

成都人咎殷是唐末有名的医生，所著的《经效产宝》，是我国最早的产科专著，其中的《产后血晕闷绝方论》"醋铁熏法"，历来在临床上普遍应用。

北宋眉州青神（今四川青神）人杨子建的《十产论》，重点对异常分娩作了详细论述，还记载了胎产式和胎位转正的各种方法，讨论了正产、伤产、催产、冻产、热产、横产、倒产、偏产、碍产、坐产、盘肠产等11个问题，是我国第一部较详细的助产学专著。

在药物学方面，四川的贡献也颇为丰硕。

后蜀梓州（今四川三台）人李珣，祖籍波斯，撰有《海药本草》，书中记载的药品来自欧、亚、非20多个国家和地区，丰富了中国药物学内容，对我国医药学的发展有重要影响。

宋代蜀州（今四川崇州）人唐慎微编写的巨著《经史证类备急本草》，集宋之前药物之大成，由官版刊印全国颁行，使我国本草学从此具有药物学的规模。此书历朝重修刊印的版本多达50种以上，并东传日本、朝鲜等地。李时珍高度评价说："使诸家本草及药单方，垂之千古不致没者，皆其功也。"英国科技史专家李约瑟也评论道："十二三世纪的《大观经史证类本草》的某些版本，要比十五和十六世纪早期欧洲植物学著作高明得多。"

以上7个方面共同构筑了巴蜀地区的科技版图，至今让人回味无穷。不仅如此，巴蜀在文学、艺术、史学发展上也成就斐然。

巴蜀的文学在两汉、唐、宋、明、清都曾绽放出夺目的光芒。

汉代文学，有辞赋、诗歌、散文等各种形式，其中辞赋是最为杰出的代表。巴蜀文学最大的成就就是辞赋，而以司马相如、扬雄、王褒为代表，"文章冠天下"，特别是司马相如和扬雄是著名四大家中的两位大家。

唐代巴蜀文学之风盛兴，以陈子昂为代表，主张恢复"汉魏风骨"，对唐诗发展产生引领方向的重要影响，杜甫称他"名与日月悬"。

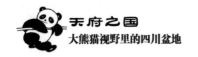
成就最大的要数从小生长在四川的李白以及客居四川的杜甫和女诗人薛涛。花间派词人韦庄曾在前蜀政权担任宰相，同时也是当时名扬海内的大词人，与花间派大词人温庭筠齐名。

宋代，四川文坛兴盛非凡，据《四库全书》统计，清代所存两宋蜀人文集有 30 多家。其中最著名的是苏洵、苏轼、苏辙，父子三人号为"眉山三苏"，俱被列入"唐宋八大家"之中，在中国文学史上具有崇高的地位。

明清时期，四川也涌现出不少知名的文学家。在诗歌方面，四川乐山人杨基与祖籍四川的徐贲均为明初"吴中四杰"之一，杨慎的诗更是独树一帜。清代四川诗人辈出，最有名的有张问陶、李调元等人。在散文方面，杨慎、唐甄都是出色的散文家，另有彭端淑、彭肇洙、彭遵泗，号称"丹棱三彭"，享誉蜀中。

艺术上，从近年来出土的各种文物考古可以实证，巴蜀的绘画、雕刻、音乐、舞蹈、戏剧、书法等，均在全国产生过重要影响。如成都前蜀王建的棺床上，雕刻有一组 24 幅乐伎图，再现了前蜀宫廷宴乐的生动情景。其中可以折射出巴蜀的舞蹈、音乐、雕刻已达到了很高的水平。

史学方面，汉晋时期，巴蜀史学硕果累累，涌现出一大批史学家和历史著述，其中最著名的是谯周和他的《古史考》，陈寿和他的《三国志》以及常璩和他的《华阳国志》。

宋代四川史学极为发达，史家辈出，著述颇丰。其中最著名的要数李焘、李心传。

李焘是四川丹棱人，著有《续资治通鉴长编》1063 卷。李心传是四川井研人，所著的《建炎以来系年要录》和《建炎以来朝野杂记》

均为中国史学名著。《四库提要辨证》评论说："有宋一代史学之精，自司马光外，无如二李者。"

在复杂多变的气候、崇山合围的地形、纵横奔腾的河流、数次大移民的综合作用下，慢慢形成了今天的"四川人"。

公元1001年，北宋第三任皇帝宋真宗下达了一道与四川有关的诏书："分川峡转运使为益、梓、利、夔四路。"这是一项调整行政区划的决定，从此以后，这一区域在宋代便被称为"川峡四路"，后来又被简称为"四川"。

行政区划的调整，只不过为四川和四川人得名创造了依据，毕竟还不是命名本身。大约又过了110年，即北宋末年执政的宋徽宗时，他才在一份诏书里，把这四州简称作"四川"。而从"四川"到"四川人"的命名，则又经过了几百年。

1712年，康熙皇帝在他的一份诏书中，正式使用了"四川人"的概念。他在一份"圣谕"中说："湖广、陕西人多地少，故百姓皆往四川开垦……湖广入川之人，每每与四川人争讼，所以，四川人深怨湖广人。"在这里，四川人是与湖广人相对应的独立的清晰的称号和概念。

从公元1001年产生四川行政区域的命名依据，到1712年正式形成四川人的概念，其间经历了整整700年。

今天的"四川人"是经过数次大移民才逐步融合形成的。

川渝分治前，四川成为中国第一人口大省，这一地位不是从来就有的，而是在多次省外大规模移民进入四川地区，经过无数次人口"大换血"之后，最终在18世纪才确立的。

四川历来是个移民大省。从春秋战国到抗日战争时期，由省境

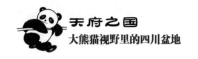

外移民入川所引起的四川人口"大换血"至少有 6 次。

第一次，秦灭巴蜀后，出于政治原因，"移秦民万家"充实巴蜀。

第二次，从东汉末到西晋，因为战乱，大规模移民迁居四川。

第三次，从唐末到五代，到南宋初年，因为战乱，大批北方人迁入四川。

第四次，元末明初，因为战乱，长江中游的移民大批迁入四川。

第五次，明末清初，因为战乱，四川人口锐减，田土荒芜，南方移民大批迁入四川。

第六次，抗日战争爆发后，以长江下游为主的居民大量迁入四川。

六次全国规模的省际大流动，除第一次系出于控制巴蜀的政治原因外，其余五次皆因战乱而生。在这五次战乱中，除第四次是外敌长时间入侵，第五次战乱发生在四川境内，其余三次皆发生在境外。其中，第五次人口大流动，即所谓的"湖广填四川"运动，对四川历史的发展起到了至关重要的作用。

在从秦汉历唐五代而至两宋的漫长岁月里，四川曾经有过许多辉煌的篇章。那时的四川人口构成，以成都为例，"人物繁盛，悉皆土著"。表明经过岁月沧桑，各个时期迁入四川的外来人口，大多与土著完美渐进地融合，他们的"血浆"与巴蜀文化黏合在一起，构成了当时四川人的基本组成部分。

然而，以元朝三次进攻四川为起点，直到第五次人口大流动发生，四川历史开始急转直下，昔日的繁荣风光已不复再现。长达50 年的宋元战争，毁灭了四川的繁华和生机，使"土著之姓十亡七八，五方之俗更为宾主"。由于 70% ~ 80% 的土著毁灭了，随着外来人口的陆续迁入，在很多地方出现了外来移民人数超过本地土著人数，宾主关系出现本土倒置现象。

宋元战争的硝烟尚未完全散尽，明末以来的战乱又使刚刚恢复一些生机的四川雪上加霜。永宁土司围攻成都。张献忠五入四川，并在成都建立大西政权。清军进入四川，与农民军、残明军展开混战，康熙年间吴三桂从云南攻打四川。所有这些武装势力，无不围绕争夺成都、争夺四川而进行生死拼杀，其结果便是四川大地生灵涂炭，鸡犬不宁。在这种大背景下，一场中国历史上罕见的省际人口大流动开始了。

从清初开始，延续至乾隆中叶，前后将近 100 年。由于迁入四川的外省人中，以湖广人数量最多，知名度最高，所以有"湖广填四川"的说法。据清末《成都通览》记载，当时入成都籍的"成都人"，大部分都是"外省人"。其中湖广占 25%，河南、山东占 5%，陕西占 10%，云贵占 10%，江西占 15%，安徽占 5%，江浙占 10%，广东、广西占 10%，福建、甘肃、山西占 5%。其中湖广人占了四分之一。

"湖广填四川"改变了四川的文化结构和人文环境。自古以来，四川就是一个移民社会。元以前的四川移民，大多出自政治原因，主体多是来自中原的世家大族、文人学士和富商实业家，文化素质较高。而元以后特别是清初进入四川的外省移民，主要出自经济原因，为了求富发迹而来，其基本成分以农民为主，包括商人、手工业者在内的平民队伍，文化素质普遍较低。移民运动发生时，由于四川原有的物质文化遭到毁灭性破坏，世家硕学几乎十不存一，各省移民忙于垦殖，无心弦诵之业，一时书史旷废，文物荡然。细数四川

的人文辉煌大都在元代之前，元以后基本上乏善可陈。

经过重建后的四川社会，出现了平民化的文化格局。建立在这种文化格局之上的南北文化大融合有助于改变四川盆地的闭塞风气，同时也使四川文化呈现出一种精英文化与平民文化相结合的局面。今天，仍能代表四川人物质生活和精神生活的川菜、川酒、川茶、川戏等"土特产"，便是在这种格局中孕育形成的，从中也不难发现其平民化色彩的烙印。

"湖广填四川"极大地改变了四川人的生存空间，加剧了四川人口与资源的矛盾。在清政府移民政策鼓励下，各省移民像潮水一样涌进四川。由于享受"滋生人丁永不纳税"的优惠，四川人口无节制发展。经过100多年移民，四川人口数量一跃而居全国前列，其中移民和移民后裔占85%。随着盆地内人口极度膨胀，人们的生存空间日益缩小，于是为了生存，四川人不得不展开一场又一场生死竞争。今天，人们已经忘记了自己的出身是四川土著还是外地移民，但争夺现实利益所形成的内部派系和"山头"争斗，却一代又一代地保留下来。巴蜀移民文化中的争斗品格显然已深深沉淀到这些人的血液中，以致四川人的"内耗"现象十分突出。

四川盆地大体上由川西平原地区、川东丘陵地区与川西高原地区三部分组成，生活在这三个不同自然地理环境中的四川人，由于历史文化发展上的差异，反映在居民的性格、方言、民风上也呈现出三个不同的类型。

"尚文"的川西人。生活在川西平原的居民，由于生存环境优越，农业经济和商业都比较发达，塑造出这一地方居民机敏、文弱、尚文的个性。此区人说的是西南官话，属北方语言系统（历史上的成都官员大都由中原政权派遣）。此地区由于受秦陇方言的影响，发音多轻柔婉转。繁荣和富庶养成了此区居民自来喜欢游乐、注重饮食、爱好文学音乐、爱泡茶馆、害怕兵灾的习性。迄今，川西地区居民的悠闲自得，生活节奏缓慢，茶馆众多，堪称全国之冠。也只有在这块"物华天宝"之区和"尚文"传统的川西平原上，才可能产生出司马相如、扬雄、王褒、李白、三苏、杨慎以及郭沫若、巴金、李劼人、沙汀、艾芜等这样一大批文学巨匠。

"尚武"的川东人。生活在川东丘陵地区的居民，原本以狩猎为生。只是在春秋战国时代被楚人所逼，才辗转从湖北宜昌一带逐渐迁入今川东丘陵地区。其后巴人较长久地保持着山地农耕兼渔猎部落的生产方式，是中国历史上一支强悍的以战斗为职业的部落。艰苦的自然环境和生存环境，铸造了他们坚强、直率的品格。因此，"尚武"成为这一地区居民的个性特点和文化品格。

在川东这块土地上，历史上曾造就过许多铮铮铁骨的战将。东周时巴国将军蔓子，为了保全巴国江州城池，甘愿割下自己的头颅，让楚使带着人头回国复命，表现了巴人不屈不挠的英雄气概。三国时巴郡守将严颜，被张飞所擒。张飞劝他投降，严颜义正辞严地加以拒绝，回答说："我州但有断头将军，无有投降将军也！"

这里的人民质朴敦厚，有先民的流风余韵。《华阳国志》记述巴人"质直好义""土风敦厚""俗素朴""重迟鲁钝"。

作为巴人后裔的重庆人，待人热情豪爽，遇事仗义行侠，直来直去。此区受荆楚方言的影响，发音急促，节奏快而有力，说话掷地有声，干脆豪放。

"尚仁"的川南人。大渡河以东的川西高原，是许多少数民族

李庄古镇

杂居的地区。此区范围极广，包括今阿坝、甘孜、凉山和川南地区，而以川南地区为代表。元明清时期，四川的战乱对川南和川西南地区影响较小。因此，这一区域保留了较多的古风民俗。这一地区，"老四川"的人口比例接近30%。

与川西和川东相比，这一地区可归为"尚仁"类，即"质朴、古淳、笃实、仁厚"。此区居民待人处世敦厚纯朴，古道热肠。所以，许多人都愿来此定居。

以宜宾为例，抗日战争时期，流离失所的外省人来此居住的即达23000余人。其中，迁往该区李庄的就有同济大学、中央博物院、中央研究院、中国营造学社、金陵大学文科研究所等6个文化教育机构。一时间，使一个原来仅有3600人的小镇，居住人口猛增至

15000人。李庄人用热情好客支撑了数倍于自己人口的吃穿用度。文化名人黄炎培路过宜宾时，不禁发出"此地最宜宾住"的感慨和赞叹。川南人的"仁义"可见一斑。

第十章

再读四川

三星堆、九寨沟、大熊猫、泸定桥、都江堰、剑阁天险……无论从战略纵深、国防价值，还是经济禀赋、文化资源，四川都堪称名副其实的"天府之国"，是中国地域文化特色最为显著的区域。

作为大熊猫的故乡，四川的影响力是世界性的。

领事馆是一国驻在他国某个城市的领事代表机关的总称，负责管理当地本国侨民和其他领事事务。某种意义上说，一个城市领事馆数量的多少基本上可以代表这个城市或地域对外交往、对外联络的水平和深度甚至是国际影响力。

除了首都北京外，中国内地按各国设立的领事馆数量排名，排在前10位的城市是：上海、广州、成都、重庆、沈阳、昆明、南宁、武汉、西安、青岛。其中上海和重庆是直辖市，广州、沈阳、昆明、南宁、青岛所在省份是沿海或边境省份。身处内陆的只有成都、武汉、西安三座城市。

成都领事馆数量位列全国内地第三，中西部第一。截至2023年12月，外国曾获批在四川设立领事机构的共24家：德国、韩国、泰国、法国、新加坡、巴基斯坦、澳大利亚、以色列、波兰、奥地利、尼泊尔、智利、西班牙、土耳其、菲律宾、印度、希腊、巴西、阿根廷、斯里兰卡、新西兰、瑞士、美国、捷克。

四川究竟因何吸引了世界的目光？

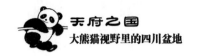

一般而言，领事机构的设立，对于推动地区经贸合作、文化交流、高层互访会起到重要的推动作用。比如在法国领事馆的推动下，四川省于 2006 年和 2007 年先后在法国举办了"魅力——川菜美食文化周暨四川世界遗产摄影展"，向法国民众介绍四川的美食和世界自然、文化遗产。

中美于 1979 年 1 月 1 日正式建交。建交后的第二年，即 1980 年 9 月 17 日，中美两国就达成外交协议设立美利坚合众国驻成都总领事馆，这是中华人民共和国成立后，第一家设立在中国西部地区的外国领事机构，也是四川省设立的首个外国领事机构。

美国为何对四川情有独钟？

美国对四川的兴趣至少开始于 20 世纪 30 年代。前文已述，当时大熊猫已被发现并在西方世界引起轰动。一批又一批的西方探险家、游猎家、偷盗者和博物馆标本采集者来到四川大熊猫栖息地，其中就包括美国总统罗斯福的两个儿子。两兄弟在越西县开枪打死一只大熊猫，做成标本带回了美国。

之后，美国探险家、盗猎者露丝于 1936 年 11 月从四川汶川盗猎了一只 3 磅的大熊猫并采取偷渡和行贿的办法把这只活的大熊猫带到了美国芝加哥的动物园并引起巨大的轰动。

从 1936 年到 1941 年，仅美国就从中国弄走了 9 只大熊猫。美国很可能从那个时候就认识到在四川设立领事馆的必要性和重要性。

大熊猫是中国的国宝，和司母戊大方鼎、《清明上河图》《兰亭序》、曾侯乙编钟、马踏飞燕、传国玉玺、越王勾践剑、和氏璧这些国宝级文物相比，大熊猫是唯一的动物，且大熊猫家族已拥有800 万年的传承历史，堪称当之无愧的中国第一国宝。

国宝大熊猫

大熊猫曾广泛分布于东南亚的越南、泰国、老挝、缅甸以及中国的华中、华南等地,但在漫长的气候演变和地壳运动的相互作用下,全世界其他地区的大熊猫已经绝迹,中国成为唯一拥有大熊猫的国家,四川又是大熊猫的主要栖息地,在大熊猫成为"中国国宝""世界生物活化石""世界自然基金会形象大使""世界生物多样性保护的旗舰物种"等多重身份的今天,四川自然吸引了全球的目光。大熊猫是中国的代表,更是四川的骄傲。

大熊猫之外,四川能够产生世界级影响力的首推都江堰。

都江堰是当今世界年代久远、唯一留存、以无坝引水为特征的宏大水利工程。读者请注意这里的"唯一留存"四个字,也就是说,都江堰是当今世界水利工程史上"独一无二"的存在,这种影响力很显然是世界级别的。

看一看都江堰当今所有的身份:世界文化遗产、世界自然遗产、

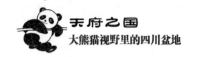
世界灌溉工程遗产、全国重点文物保护单位、国家级风景名胜区、国家 5A 级景区。

都江堰不仅是中国古代水利工程技术的伟大奇迹，也是世界水利工程的璀璨明珠。它最伟大之处是建堰 2250 多年来经久不衰，而且发挥着愈来愈大的效用。迄今，它仍担负着四川盆地中西部地区 7 市（地）36 县 1000 多万亩农田的灌溉、成都市几十家重点企业、城市的生活供水以及防洪、发电、漂水、水产养殖、林果、旅游、环保等多项目综合服务，其灌区规模居全国之冠，即使放眼全世界，也是非常夺目的存在。

都江堰灌区是四川省经济最发达的地区，也是四川政治、经济、文化的中心地带，享有"天府之国"的美誉。灌区内自然景观、人文景观，都市华彩及城镇风光异彩纷呈，美不胜收。古往今来，有不少文人墨客多会于此。

汉武帝元鼎六年（前 111），司马迁奉命出使西南时，实地考察了都江堰。他在《史记·河渠书》中记载了李冰创建都江堰的功绩。

蜀汉建兴六年（228），诸葛亮北征，以都江堰为农业之根本，国家经济发展的重要支柱，征集兵丁 1200 人加以守护，并设专职堰官进行经常性的管理维护，开之后历代设专职水利官员管理都江堰的先河。

东汉顺帝（126—144）时，道教创始人张陵在都江堰青城山一带传教。青城山因此成为天师道的发祥地，张天师的羽化处。历代龙虎山的天师多来青城山朝拜祖庭。

元世祖至元年间（1264—1294），意大利旅行家马可·波罗从陕西骑马，行 20 余日抵成都，专门游览了都江堰。后在其《马可·

波罗游记》一书中说："都江水系，川流甚急，川中多鱼，船舶往来甚众，运载商货，往来上下游。"

清同治年间（1862—1874），德国地理学家李希霍芬到都江堰考察，并在其著作中专门介绍都江堰，称赞"都江堰灌溉方法之完美，世界各地无与伦比"。李希霍芬是把都江堰详细介绍给世界的第一人。

都江堰的创建，以不破坏自然资源，充分利用自然资源为人类服务为前提，堪称古今中外最完美的"生态工程"，它使人、地、水三者高度和谐统一，开创了中国古代水利史上的新纪元，在世界水利史上也写下了光辉的一页。都江堰水利工程，是四川向世界介绍中国古代人民智慧结晶，介绍中华文化杰作最重要、最亮眼的名片。

都江堰以外，四川最震惊世界的还有"三星堆文明"。

三星堆遗址，位于四川省广汉市西北的鸭子河南岸，分布面积12万平方千米，距今已有3000至5000年历史，是迄今在西南地区发现的范围最大、延续时间最长、文化内涵最丰富的古城、古国、古蜀文化遗址。现有保存最完整的东、西、南城墙和月亮湾内城墙。

三星堆遗址被称为20世纪人类最伟大的考古发现之一。其出土的文物是宝贵的人类文化遗产，在中国的文物群体中，属最具历史、科学、文化、艺术价值和最富观赏性的文物群体之一。

考古学家把三星堆遗址群的文化遗存分为四期，其中一期为早期堆集，属于新石器时代晚期文化，二至四期则属于青铜文化。遗址群年代上起新石器时代晚期，下至商末周初，上下延续近2000年。而三星堆文明开始形成的年代则在公元前1600—前1500年之间，结束的年代在公元前1050年前后，前后经历了大约500年时间。三星堆文明的存在时间大致在商王朝时期，进而也证明长江流域与黄

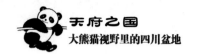
河流域一样同是中华民族的发祥地，证明了长江流域地区存在过不亚于黄河流域地区的古文明。

三星堆遗址所出土的大量陶器、石器、玉器、铜器、金器，具有鲜明的地方文化特征，自成一个文化体系，已被中国考古学者命名为"三星堆文化"。三星堆遗址是公元前 16 世纪到公元前 14 世纪世界青铜文明的重要代表，对研究早期国家的进程及宗教意识的发展具有重要价值，在人类文明发展史上占有重要地位。它的发现，为已消逝的古蜀国提供了独特的物证，把四川地区的文明史向前推进了 2000 多年，在世界考古学界引起巨大轰动。

三星堆出土的青铜器，有造型各异的青铜人头像，出土时面部均有彩绘。除了这些青铜造像外，还有许多用于祭祀的尊等，有形态各异的各种动植物造型，其中有被誉为写实主义杰作的青铜鸡，有在中国范围内首次出土的青铜太阳形器等一大批精品文物。它们皆与中原文化有着显著区别，这表明三星堆文化不仅是古蜀文化的典型代表，亦是长江上游的一个古代文明中心，进一步证明了中华文明的起源是多元一体的。三星堆文明还填补了中国考古学、美学、历史学等诸领域的重要空白，使得世界对中国古代文明进行重新评价。

三星堆遗址依托鸭子河，横跨马牧河，地理位置和自然环境优越，形成了经东、西、南三面城墙及北侧鸭子河为防御体系的古城。古城由一道外郭城（大城）和若干个内城（小城）组成（成都后来的筑城方式基本上遵循了这一模式），古城内外可分作祭祀区、居住区、作坊区、墓葬区，并有三星堆、月亮湾等重要夯土建筑遗迹，体现出高度繁荣、布局严整的古代王国的都城之象，是不同于中原夏、商都城的具有鲜明地域特色的古城。

三星堆遗址出土的青铜制品、玉石制品以及黄金制品，造型奇特、制作精美，表现出浓厚而神秘的宗教文化色彩，独具民族特色和地域特征，是极为罕见的人类上古奇珍，在世界上享有极高的声誉。从三星堆出土的文物可以证实：古蜀国的手工业甚为发达，门类齐全、技术先进。三星堆遗址丰富的文化遗存还填补了中华文明演进序列中重要文物的缺环，是长江上游的古代文明中心、中国文明重要起源地之一，有助于探索人类早期政治组织及社会形态深化的进程。

截至 21 世纪初，三星堆已创造和打破了许多世界纪录、中国纪录，其中多项纪录入选中国和世界纪录协会的世界之最、中国之最，比如：

世界上最早、树株最高的青铜神树，高 384 厘米，共 9 枝，上有 27 果 9 鸟。

世界上最早的金杖，长 142 厘米，重 700 多克，上有刻画的人头、鱼鸟纹饰。

世界上最大、最完整的青铜大立人像，通高 262 厘米，重 180 克，被称为"铜像之王"。

世界上最大的青铜纵目人像，高 64.5 厘米，两耳间相距 138.5 厘米。

世界上一次出土最多的青铜人头像、面具，达 50 多件。

目前，三星堆遗址正联合金沙遗址联袂申报世界文化遗产。金沙遗址位于四川省成都市城西苏坡乡金沙村，分布范围约 5 平方千米，公元前 12 世纪至公元前 7 世纪（距今 3200—2600 年）长江上

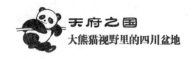
游古代文明中心——古蜀王国的都邑。

金沙遗址再现了古代蜀国的辉煌，其主体文化遗存的时代大约在商代晚期至西周时期，重要遗迹有大型建筑基址、祭祀区、一般居住区、大型墓地等，出土金器、铜器、玉器、石器、象牙器、漆器等珍贵文物 5000 余件，还有数以万计的陶片、数以吨计的象牙以及数以千计的野猪獠牙和鹿角。

根据 2022 年的最新研究发现：金沙遗址和三星堆遗址有着极为密切的关系。作为先秦时期重要的遗址之一，它与成都平原史前古城址群、三星堆遗址、战国船棺墓葬共同构建了古蜀文明发展演进的 4 个不同阶段。

金沙遗址的发现，拓展了古蜀国文化的内涵与外延，对古蜀文化的起源、发展、衰亡的研究具有重大意义，特别是为破解三星堆文明突然消亡之谜找到了有力证据。金沙遗址的发现，还将成都的建城史推进到公元前 1000 多年。

2005 年，国家文物局公布金沙遗址出土的"太阳神鸟"金饰图案为中国文化遗产标志。而进入 21 世纪 20 年代后，三星堆遗址也获得了一系列荣誉：

2020 年 11 月，当选"巴蜀文化旅游走廊新地标"。

2021 年 10 月，被评为"百年百大考古发现"。

2022 年 3 月，入选 2021 年中国考古新发现。

2022 年 5 月，入选 2021—2022 年度中华文化国际传播十大案例。

2022 年 9 月，入选 2021 十大年度国家 IP（文博）。

2023 年 12 月，获"世界考古论坛奖""重大田野考古发现奖"。

三星堆以其独特的魅力成为四川向世界展示古蜀文化和中华文

明的重要名片。

截至2023年底，中国的世界遗产已有57处，在180个加入世界遗产组织的国家中位列前茅，而四川的世界遗产数量又位于中国前茅。除正在申请的三星堆—金沙遗址外，四川已获批的世界遗产有5处：

九寨沟以其多彩湖泊、瀑布和雪峰而闻名，被誉为"童话世界"和"人间仙境"。在中国真正能称为"人间仙境"的美景，九寨沟可以位列第一。

黄龙以其独特的彩池景观和高原湿地生态系统而著名，被誉为"人间瑶池"和"中华象征"。

四川大熊猫栖息地，这是全球最大最完整的大熊猫栖息地。

峨眉山—乐山大佛，这一复合遗产包括峨眉山和乐山大佛，其中峨眉山以其独特的自然风光和丰富的佛教文化著称，而乐山大佛则是一座位于岷江、大渡河、青衣江三江汇流处的世界最大的石雕弥勒佛坐像。

青城山—都江堰，青城山是道教的发祥地之一，它以幽静的自然风光和深厚的道教文化底蕴而闻名。都江堰既是世界著名的灌溉工程，又被誉为"天府之国"美誉的创造者。

中国的世界自然遗产只有14项，四川就占了3项，分别是九寨沟风景名胜区、黄龙风景名胜区、四川大熊猫栖息地。中国的世界自然与文化双重遗产共有4项，四川以峨眉山—乐山大佛独占一项。

四川堪称名扬世界的中国生态大省和文化大省。

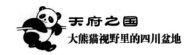
四川迷人的风光远不止这些。四川历来还是一个盛产热血青年的地方。

戊戌变法遇害的"六君子"中就有两位是四川人。杨锐是四川绵竹人，刘光第是四川富顺人，他们都为清末的变法革新流尽了最后一滴血。

20岁的四川巴县青年邹容，当他把《革命军》这颗重磅炸弹投向中国大地的时候，清政府顿时惊恐万状，连连惊呼"此书逆乱，从古未有"，必欲置之死地而后快。后来，邹容虽死于中外反动势力的监狱中，但他却无愧于"革命军中马前卒"的光荣称号。他去世的那一年是1905年。

1911年4月27日，著名的黄花岗起义爆发，奉命攻打两广总督衙门后门的18名志士队伍中，有一位在脖子上挂满一竹筐炸弹的勇士，他一马当先，一路投弹，直杀得清军四处逃散。他就是被革命党誉为"炸弹大王"的四川内江青年喻培伦。最终，他因弹尽受伤，精疲力竭而被捕。面对敌人的屠刀，他慷慨高呼："我头可杀，学术是杀不了的，革命党尤其杀不了！"他牺牲的时候，年仅25岁。

1912年1月26日晚，当不足24岁的四川金堂青年彭家珍化装潜至清宗室顽固派宗社党头目良弼的府宅，以一颗致命的炸弹投向敌人时，他自己虽然当场壮烈牺牲，但却也使良弼隔日毙命。为国忘家忘我，一切为了共和的彭家珍，终于"一炸成功亦成仁"。在良弼死后第17天，清廷终于公布退位诏书。从此中国结束了两千多年的封建统治。

在近现代争取民族解放和独立的运动中，川人始终走在前列。四川的保路运动，就先于武昌起义爆发，成为辛亥革命的导火索。

黄河九曲第一湾

　　四川的河流除松潘草地属黄河水系外，其余全属长江水系。长江在四川境内的干流长约 1800 千米，有大小支流 1400 多条。主要有岷江（包括大渡河、青衣江），沱江，嘉陵江上、中游（包括涪江、渠江），金沙江（包括雅砻江）等，属长江水系。只有极西北的白河和黑河（墨曲）注入黄河，在若尔盖、红原区域形成黄河第一湾。

　　黄河九曲第一湾位于四川省若尔盖县唐克乡，距县城 68 千米，距唐克镇 8 千米，至九寨沟 248 千米。黄河发源于青海的巴颜喀拉山，一路斗折蛇行，缓缓向东流向四川，在这里完成了第一次转折。而英勇的工农红军长征足迹也正是从这里自长江流域跨入黄河流域。

　　四川是中国极少数把黄河和长江联结在一起的省份。

　　在地理上把黄河和长江联结在一起的是位于四川、甘肃、青海三省结合部的中国川西北若尔盖大草原；在文化习俗上把黄河文化和长江文化联结在一起的是川陕交界处的汉中盆地；在行政上把黄河流域和长江流域联结在一起的是战国时期的秦国。

　　秦以前，巴蜀文明各自独立发展；秦以后，巴蜀文化和华夏文

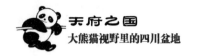

化逐渐融合。巴蜀文化、巴蜀文明成为中华文明的重要组成部分。

四川在地理上位于中国三大阶梯的第二级台阶，向西迎接青藏高原地势东下，向东临控长江上游，直逼长江三峡以东，向南面对云贵高原，逼近横断山区，又北穿秦岭、通达中原，战略地位十分重要。它在东南西北四个方向上，都处于多边联系的枢纽位置，都有天险的存在，区位优势十分突出。尤其是在其西北地区集合了长江上游和黄河上游两大优势，在秦以后的绝大部分时间里，四川盆地都和集合了黄河文明和长江文明的中原政权坚定地站在一起，并成为中原政权的重要支柱。自秦汉到明清，统一的中央政府无一不以四川作为开发建设西南地区的战略基地和处理中央与西部各民族关系的前哨和堡垒，在统一的多民族国家历史上，四川长期发挥着这种政治上的区位优势，而这一优势又和四川境内融合了长江和黄河两大水系的优势密切相关。由于数次大移民的原因，四川的许多文化习俗和生活习惯甚至语言与北方非常相似。

秦朝：公元前316年秦国吞并巴蜀后，获得蜀国的粮食、布、帛、金银等资源优势和巴之劲卒，极大地增强了秦对东方六国的战略优势。秦后来以巴蜀为东出长江三峡伐楚、统一长江中下游的战略基地，进而统一全国。

汉朝：巴蜀为汉王刘邦发迹之地，汉王朝的"王业之基"。刘邦以蜀汉为战略基地，出蜀汉定三秦，最终灭掉西楚霸王项羽，建立起汉王朝，并大力开发了西南之地。

三国：巴蜀为蜀汉立国的根基所在。

两晋：巴蜀为西晋扫平东吴、统一全国的基地。

隋朝：隋凭借巴蜀丰富的资源，荡平了陈朝，统一了全国。

唐朝：唐朝四川不仅成功地抵御了吐蕃南侵和南诏北进，保卫了灿烂的华夏文明，而且几度为唐朝皇室遮风挡雨，使唐王朝在凄风苦雨中苟延残喘了上百年。

宋朝：北宋王朝先取四川，而后才平定江南，南宋时四川是抗金、抗蒙的战略大后方和中坚地区，同时又是处理中央王朝和藏区关系的根据地，又是茶马贸易的集散地，南部丝绸之路的出发点。

明、清两代：四川为处理中央王朝与西南地区和西藏关系的重要枢纽。

近代：四川是辛亥秋保路运动的战场，辛亥革命的导火索。

抗日战争时期：四川是中国全民抗战的大后方。

四川的这种区位优势在很大程度上是因为它很早就有效地沟通和融合了长江文明和黄河文明的优点。从三星堆出土的文物中可以看出：三星堆作为与商朝晚期殷墟同期的遗址，青铜技术来自商王朝。这说明巴蜀文明在自身独立发展的同时，还非常注意吸收和融合黄河文明的精华。事实上，都江堰建造者李冰的水利工程技术很显然也是来自黄河文明。

除了跨区域文化融合的优势外，四川盆地的稳定性和经济的繁荣也是它成为中国战略大后方的重要原因。

有几件事可以说明四川盆地的超强稳定性：

在人类无法望其项背的 800 多万年中，大熊猫始终与四川为伴，这说明川西高原的山地地形和气候具有很强的稳定性。

都江堰建成至今，已近 2300 年，仍始终如一地发挥着巨大的作用，其水利灌溉工程的稳定性和农耕文明形态的稳定性世界罕见。

成都是古蜀文明的发祥地，境内的金沙遗址已有 3000 年历史，

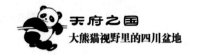
舜以"一年成聚，二年成邑，三年成都"，故名成都。自此以后，成都之名再无更改，使用至今。先后成为蜀汉、成汉、前蜀、后蜀等政权的都城，又一直是各朝代的州、郡、县治所，3000年来，成都作为川西中心的位置始终未变。根据"金沙遗址"出土的大量历史遗存，基本可以推定，至迟在殷商晚期至西周初期，成都一带已成为古蜀王国的中心都邑所在。

大约在公元前5世纪中叶的古蜀国开明王朝九世时将都城迁往成都，构筑城池。

东周慎王四年（前316），秦国兼并蜀国，并设置蜀郡于成都。秦将张仪、司马错筑太城(府南城)，次年，张仪在太城以西筑少城(府西城)。自那时起，成都的城址再未移动，一直保持至今。

成都之名、成都之址、成都之位2000多年来稳如岷山，显示了四川盆地的超强稳定性。今天的成都"石室中学"前身为西汉汉景帝末年（约公元前141年）蜀都太守文翁创建的"石室精舍"，2000多年来，石室建筑几度重建，但"石室"之名始终如一。

四川历来就是长江上游和西南地区最重要的经济枢纽。由经济区位所决定，古代四川在长江流域农业经济圈与云贵高原和青藏高原畜牧经济区、半农半牧经济圈的互动和贸易中处于媒介和枢纽位置，在中国西部具有非常突出的、极为优越的不同经济类别之间多向贸易的中心位置。

在经济发展的外向型和内聚性两大特点情况下，四川向来以外向为主，如四川生产的盐、铁、茶叶、布匹、丝绸等，除大量输往全国各地外，还通过南北丝绸之路远销东南亚、南亚以至中亚、西亚和欧洲，并经东北亚和草原丝绸之路，传播到期鲜、蒙古、西伯利亚等地区和国家，经济上的外向辐射力十分强劲。之所以如此，是因为除了自然资源，四川在生产性资源、生活资源、人力资源等最重要的基本资源上，居于全国领先地位。这种情形从汉代就已经开始崭露头角。

都江堰建成后，成都平原成为全国最富庶的地区之一，一跃成为"天府之国"。汉代四川农业兴盛，刘邦曾下令饥民"就食蜀汉"，对稳定汉初经济形势起到了重要作用。当时成都平原的手工业也盛极一时，蜀锦、蜀绣、蜀布、蜀刀、漆器、竹器、盐、铁等产品闻名天下。古代四川的井盐开发更是在海内独占鳌头，钻井技术和工艺大踏步地走在世界前列。

四川处于西南少数民族与汉族的多民族互动交流地区，民族文化资源丰富多彩，它既是民族文化的交汇区，又是民族融合的交融区，同时还是介于内地与西南民族之间文化、科技的汇聚区和通道区。历史上，四川文化对于西南地区和长江中上游地区文化产生过极大的带动作用。中原地区的优秀文化也经由四川向云贵高原和青藏高原传播辐射。这使四川成为多种文化的聚集地和辐射区。

四川文化中这种凝聚与辐射相交织的二重性，决定了四川精神文化中的几个重要特点：一是开放和兼容的气度，是渴求开放和走向世界的意识，以及海纳百川和勇于创新的精神。由这几个特点所决定，吃苦耐劳、不畏艰险便成为千百年来四川最鲜明、最突出的人文性格特征，而"追风""趣潮""赶时髦"也成为四川文化最显著的外在表现方式之一。与此同时，由于身处四塞之地和优越的自然环境中，四川有史以来的精神生活中，也存在闭塞、保守、贪图安逸、小富即安，不能居安思危甚至"贵慕权势"的思想和行为

青城山

方式。

四川在哲学宗教文化领域最大的贡献是创立了中国本土的宗教——道教。

道教思想自先秦以来就在巴蜀地区长期传播，它与巴蜀的原始宗教、巫术相结合，在巴蜀民众中产生了广泛影响，形成了相当深厚的社会基础。到东汉时，中国本土最重要的宗教——道教终于在巴蜀地区诞生。

道教的创始人张陵（又名张道陵），曾任巴郡江州（今重庆）县令，汉顺帝时率家人弟子学道于鹤鸣山（今四川大邑西北），以《老子》为经典，创立"天师道"，又被称为"五斗米道"，其影响遍及全国，成为道教中最重要的教派。

张陵是留侯张良的十世孙，继承了祖上"足智多谋"的传统，他后来传子张衡，张衡又传子张鲁。张鲁后来在汉中建立了政权，并在此传播五斗米道，雄踞汉中近 30 年，后投降曹操，曹操厚待之，五斗米道得以保存并流传。

作为道教的发源地，四川的宗教文化很有特色。

在四川的诸多文化中，餐饮文化独具特色，在国际上有"食在中国，味在四川"的美誉。

川菜起源于春秋战国的蜀国，秦汉时期初现端倪，汉晋时期古典川菜成型。唐宋时期，川菜出川，走向全国，"川食店"遍及都城开封和临安，川菜作为一个独立的菜系在两宋时期正式形成。"尚滋味""好辛香（指花椒与蜀姜的味道）"为其特点。

明清时期，川菜进一步发展，直至民国时期，由于明、清时期辣椒的传入，近代川菜最终形成"一菜一格，百菜百味""清鲜醇浓，麻辣辛香"的特点，并发展为中国菜的第一菜系。

作为中国四大菜系之一，川菜以其独特的麻辣味道和丰富的烹饪技巧闻名。烹饪技法有煎、炒、油淋、酥炸等 40 余种。味型以麻、辣、鱼香、怪味为其突出特点。

川菜分为三派：蓉派（上河帮）、渝派（下河帮）、盐帮派（小河帮）。上河帮川菜即以川西成都、乐山为中心地区的川菜；小河帮川菜即以川南自贡为中心的盐帮菜，同时包括宜宾菜、泸州菜和内江菜。下河帮川菜即以老川东地区达州菜、重庆菜、万州菜为代表的江湖菜。三者共同组成了川菜三大主流地方风味流派分支菜系，代表了川菜发展的最高技术水平。

今天的川菜早已走出国门，走向世界，只要有华人的地方，几乎就有"川菜馆"的存在。其中最负盛名的菜肴有：干烧岩鲤、干烧桂鱼、鱼香肉丝、怪味鸡、宫保鸡丁、五香卤排骨、粉蒸牛肉、

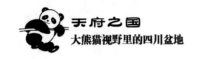

麻婆豆腐、毛肚火锅、干煸牛肉丝、灯影牛肉、担担面、赖汤圆、龙抄手等；传统川菜中的六大名菜是：鱼香肉丝、宫保鸡丁、夫妻肺片、麻婆豆腐、回锅肉、东坡肘子、开水白菜等。

鸦片战争后，四川由于地处西部内陆，没有受到战乱的直接侵扰，社会生活和百姓生活相对稳定，使得川菜得以持续发展，出现了大量的特色菜点和名店名师，筵宴不断兴盛，餐饮市场日益发达。这一现象曾引起德国地理学家李希霍芬的注意，李希霍芬在他的通信中写道："在正常情况下，四川显得处处存在着对生活物资充裕的满足和幸福，这在中国其他省份是不常见的。"当时因为太平天国起义，东南一带战事频繁，四川第一次取代两湖，成为清政府最大的粮赋省，清政府因此对四川开始刮目相看，向四川派出重臣能吏，如丁宝桢、张之洞、岑春煊、锡良等人，他们在四川开始了初期洋务运动和新政、兴学，使这一时期四川的学术文化活动出现了自南宋末以来，沉寂了700年以后的第一次飞跃，四川无论从经济还是文化都开始在全国崭露头角。正是由于清末来川的北方和江浙官员的提倡和力行，成渝两地的川菜开始提质创新，再度走向繁荣。

清末徐珂在《清稗类钞·饮食类》中说："肴馔之有特色者，为京师、山东、四川、广东、福建、江宁、苏州、镇江、扬州、淮安。"

民国时期，特别是抗日战争时期，四川成为抗战大后方，重庆更成为国民政府的陪都，大批外地官员、富商、文化界人士迁入四川的重庆、成都等地，全国几乎各大菜系的厨师、特色菜点及其烹饪制法甚至西餐等都随之入川。这一时期，四川名厨云集、名店荟萃，为川菜与其他菜系的交融创造了条件，不仅涌现出许多川菜名店和名厨，还出现了围绕川菜分工相对固定的行业帮派，如饭食帮、

四川人文地图

燕蒸帮、面食帮、甜食帮等，创造出一大批名菜名点，营造了近现代川菜的兴旺局面。

四川的动植物资源、中药材资源丰富，川菜更是影响广泛，就连在西方世界的烹饪大国法国，也在法国领事馆的协助下专门向法国民众介绍四川的美食。

就全国看，四川的文化资源底蕴十分突出，以三星堆、金沙遗址为代表的古蜀文明一骑绝尘，位列中华三大古文明发源地之一。

以大熊猫栖息地为代表的生态文化不仅在中国，在全世界也绝无仅有。

作为千年接续传承的水利工程，都江堰代表了中国人的亲水、治水、人水互动的山水文化。而以九寨沟为代表的景区形态则传达了中国人"天人合一"的自然文化思想。

红军长征在四川留下了一连串光辉的足迹，四川也因此沐浴着

更丰富的红色文化。

作为黄河文明和长江文明的联结点，多民族的融合地，数十次大移民的发生地，四川的融合再生文化悠久漫长，历久弥坚。

除了这些主体性的文化特征外，四川还拥有独特的茶文化、酒文化、盐文化、竹文化、锦文化、绣文化以及集休闲、娱乐、怡情为一体的餐饮文化、麻将文化。

此外，作为历史事件的发生地，四川的"三国文化"独具魅力；而作为"四塞之地"，四川的天堑文化（栈道、索道、航道、关隘）更是"天下无敌"。

无论是从战略纵深、国防价值，还是经济禀赋、文化资源，四川都堪称名副其实的"天府之国"。如果以800万年大熊猫的视角看，四川的这些文化特点更是清晰无比。

参考书目

［1］陈世松著.天下四川人.成都：四川人民出版社，1999.

［2］林军,张瑞涵编著.巴蜀文化.北京：时事出版社，2008年.

［3］张在德,唐建军主编.中国地域文化通览（四川卷）.北京：中华书局，2014.

［4］段渝主编.四川简史.成都：四川人民出版社， 2019.

［5］李不白著.透过地理看历史.北京：台海出版社，2020.

［6］韩茂莉著.大地中国.上海：文汇出版社，2023.

后　记

　　在中国各省、市中，除了我的故乡山西和我工作了几十年的城市北京外，我最熟悉的省份莫过于四川。四川的 21 个地市、自治州中，我几乎全部走过：去过绵阳 6 次、南充 8 次，就连最偏远的攀枝花也去过 3 次。当然，去的最多的是成都，差不多有 101 次。

　　四川，堪称我的第二故乡，缘起无他，只因她的故乡在那里。

　　　　　让我掉下眼泪的　不止昨夜的酒
　　　　　让我依依不舍的　不止你的温柔

　　每次坐飞机到成都，赵雷的这首《成都》总会适时地响起，而我，总会努力地回忆：那时候我们是否走到过玉林路的尽头。

　　2009 年 5 月，我曾驾车从陕西翻越秦岭到达汉中，再由汉中翻越大巴山，从北向南经广元、剑阁、江油、绵阳、德阳、广汉、成都、眉山、雅安，最终从康定翻越四川最高峰——海拔7556米的贡嘎山。之后又从西向东经汉源、峨眉山、乐山、宜宾、自贡、内江、泸州最后到达重庆，在重庆嘉陵江边度过了我不惑之年的生日。那时候，正逢我的《国运》一书结稿。

15年后的同一天，我出差到成都，机缘巧合，在玉林路附近的一家小酒馆里度过了我天命之年的生日，彼时，正好也是本书的结稿之日。也就在那一天，我偶遇了四川省文联主席陈智林先生并与他相谈甚欢。

陈先生是成都人，是国家级非物质文化遗产"川剧"的代表性传承人，在他身上有着四川人特有的豪爽、热情、幽默、真诚。

许多到过四川的人都说，四川山美、水美、人美、味美，此话绝非夸大之辞。在我看来，中国最美的风景就在四川，"天府之国"确实气象万千，令人叹为观止，即使身在异域，也会让我时时驻足遥想：

追忆四川

锦江秋水岷山雪，剑阁古道汉家阙。

杜甫草堂武侯夜，茶楼酒肆话绝学。

你在四川能看到的，不仅有5000多年的古蜀文明，还有800万年的熊猫视界。

感谢北京城建的张立新先生对我写作的鼓励，他曾对我说过："中国少一个亿万富翁没关系，多一个认真写作的学者是国之所需！"感谢天津大学的颜晓峰院长、孙鹤书记以及山西人民出版社梁晋华先生对本系列丛书一贯的支持；感谢天津大学地域文化研究中心的同事们；感谢四川宣汉一中的彭娜老师和我的女儿席之尧同学为本书倾情作画；感谢本书责任编辑魏美荣女士。谢谢大家在这个有些浮躁的世界里依然关注一本图书的写作和出版！

席宏斌

2024 年 6 月